DR. JORGE FUENTES AGUIRRE

ESTOY EN TI

Acompañamiento integral al enfermo

El libro más completo sobre su atención en lo material, lo humano y lo espiritual

Obra Nacional de la
Buena Prensa, A.C.

Estoy en ti
Dr. Jorge Fuentes Aguirre

1a. edición, noviembre 2008
2a. edición, abril 2009

ISBN: 978-970-693-383-6
Hecho en México
Con las debidas licencias

Obra Nacional de la
Buena Prensa, A.C.

Orozco y Berra 180. Sta. María la Ribera
Apartado M-2181. 06000 México, D.F.
Tel. 5546 4500 - Fax 5535 5589
ventas@buenaprensa.com - www.buenaprensa.com
Lada sin costo: 01-800-50-24-090

Librerías
México, D.F.
- Ribera de San Cosme 5
  Sta. María la Ribera.
  Tels: 5592 6928 y 5592 6948
- Orizaba 39 bis. Col. Roma
  Tels. 5207 7407 y 5207 8062
- Congreso 8. Tlalpan
  Tels. 5513 6387 y 5513 6388
- Donceles 105-D. Centro
  Tels. 5702 1818 y 5702 1648

Chihuahua, Chih.
- Av. Tecnológico 4101. Plaza Comercial
  San Agustín. Col. Granjas.
  Tel. (614) 410 9461 y 415 0092

Guadalajara, Jal.
- Madero y Pavo, Sector Juárez
  Tels. (33) 3658 1170 y 3658 0936

Guadalupe, Zac.
- Calle Jardín de Juárez 10
  Tels. (492) 899 7980

Mérida, Yuc.
- Calle 60 # 490 B. Col. Centro
  Parque La Madre.
  Tel. (999) 9280 340

Monterrey, N.L.
- Washington 812 pte. Centro
  Tels. (81) 8343 1112
  y 8343 1121

Puebla, Pue.
- Blvd. Valsequillo 115
  Plaza Crystal locales 9-12
  Col. Residenciales Boulevares
  Tel. (222) 211 6451

Torreón, Coah.
- Czda. Cuauhtémoc 750 Nte.
  Centro
  Tels. (871) 793 1451 y 793 1452

Tuxtla Gutiérrez, Chis.
- Tercera Oriente Sur 165-3
  Col. Centro. Tel. (961) 613 2041

Se terminó de imprimir esta 2a. edición el día 25 de abril de 2009, festividad de san Marcos, evangelista, en los talleres de Offset Santiago, S.A. de C.V. Río San Joaquín 436. Col. Ampliación Granada. México, D.F. Tel. 9126 9040.

Índice

Prólogo

El enfermo es uno de los seres humanos más urgido de la ayuda de sus semejantes. Sin embargo, esta necesidad tan apremiante, contrasta con el hecho de que muchos pacientes encamados se quejan de no recibir una atención adecuada.

Enfrentado en mi práctica profesional a tal realidad, encuentro, por otra parte, personas que muestran un genuino interés por saber cómo brindar a sus seres queridos la mejor asistencia, o la manera de visitarlos con el mayor provecho.

Esta condición simultánea de enfermos descontentos y acompañantes empeñados en atenderlos bien, me manifestó la urgencia de ofrecer una respuesta para solucionar ambas circunstancias y así lograr un acompañamiento integral, benéfico y eficaz, al enfermo. De tal necesidad surgió este libro.

Revisando la literatura actual, confirmé que esta obra viene a llenar un vacío en lo referente a la atención total de la persona recluida en cama, cubriendo todos los aspectos de tan vasto tema.

Una mirada al índice muestra que estas páginas contienen una benéfica innovación en el cuidado a los enfermos, por los nuevos conceptos de acompañamiento integral que por primera vez se publican. Abarca por completo los aspectos prácticos, humanísticos y espirituales de la relación entre el acompañante, el visitante y el enfermo, protagonista principal, enseñando de manera sencilla y detallada, qué hacer y qué no hacer ante el paciente encamado, ya sea si se le atiende en casa o en el hospital. Incluye, además, un capítulo dedicado a la asistencia al moribundo, cuestión escasamente tratada en la literatura actual.

El título del libro, *Estoy en ti*, es ya preludio al tema fundamental que campea en toda la obra: conseguir adentrarse en los enfermos, en un encuentro de ser humano a ser humano, lo cual resolverá su frecuente lamento de no verse acompañados por alguien que se involucre con ellos en lo personal. Tienen a su alrededor quienes les resuelven sus necesidades materiales, pero carecen de un acompañante que les llegue al corazón.

Estar con el enfermo, es una relación periférica, de piel hacia fuera: el camillero o la enfermera, por ejemplo, están *con él*, mas no *están en* él. Para llegar a estar *en el enfermo* es necesario crear vínculos que penetren a su interioridad, donde hace cumbre la afectividad entre dos personas. Sólo allí puede el acompañante, o quien hace la visita, expresarle al enfermo: *Estoy en ti.*

Así, el visitante, o quien lo asiste, podrá hacer suyas las palabras pronunciadas por S.S. Juan Pablo II, en ocasión de la Jornada Mundial del Enfermo, del año 2001:

"A cuantos se dedican con celo al cuidado de los enfermos, los apremio a que sigan con su valiosa misión de amor, y experimenten en ella la consolación interior que el Señor dispensa a quien se convierte en buen samaritano del prójimo que sufre".

Dr. Jorge Fuentes Aguirre

Nota 1. En seguimiento a la norma gramatical, he utilizado la palabra *enfermo*, en masculino, para ambos géneros, salvo textos en los que, por necesidad, particularizo el femenino.
Nota 2. Aunque hay una clara diferencia semántica entre los términos *enfermo* y *paciente*, se encontrará en algunos párrafos su utilización indistinta. Esto es por razón de sintaxis, para evitar repeticiones gramaticalmente indeseables.

I

Antes de acompañar al enfermo

Preparando nuestro ser al servicio del enfermo

Para involucrarse con el enfermo y ayudarlo, es necesario rescatar nuestra propia persona del mundo, que nos hace vivir entre prisas y tensiones. Es preciso que cada quien vuelva a ser "yo mismo".

Seamos sinceros: nos atosigan el activismo, los problemas personales y familiares, los compromisos sociales y económicos. A ese ajetreo de la existencia, habremos de agregar nuestro trabajo, las responsabilidades que hemos contraído, las enfermedades, que se presentan en el momento menos pensado y más inoportuno, las exigencias de la vida.

Pero ahora sucede que por necesidad, o por vocación altruista, hemos de ocuparnos en atender a un enfermo, lo cual es imposible de cumplir si somos una persona prófuga de su interioridad, agitada, con la mente inquieta por preocupaciones. ¿Cómo pretender hablarle de paz al enfermo, si por dentro hay una tempestad de tensiones e intranquilidades?

Nadie puede dar lo que no tiene. Para dar humanismo, necesitamos recobrar nuestra esencia humana de la rutina, que nos amenaza con dejarla convertida en un maniquí. Urge penetrar en nosotros mismos, de piel hacia dentro. Interiorizarnos.

En una de mis conferencias sobre estos temas pregunté al auditorio:

–¿Cuándo fue la última vez que cada uno de ustedes hizo un alto en el camino para estar a solas, apartado de todos y de todo, e introducirse a lo más profundo de su persona?

La respuesta quedó en la privacidad, pero en el receso muchos asistentes aseguraron no haber estado nunca en su interior. Surgió entonces una pregunta colectiva: ¿cómo se logra interiorizarse?

Empiezo por decir que es imperiosa necesidad ser dueños de nuestra identidad, encontrada únicamente si nos proponemos buscarla cada día. De allí la importancia de darnos diariamente un tiempo para nosotros mismos. Un tiempo que sea sólo nuestro. Bastarán 20 minutos o media hora para relajarnos, meditar, encontrarnos con nuestro ser interior en la intimidad más profunda.

¿Cuál es la manera? Se verán los métodos detallados en el capítulo correspondiente, pero desde ahora adelanto que todo proceso de interiorización pasa por tres etapas inseparablemente unidas:

1. Se comienza por la relajación del cuerpo. Es nuestra parte orgánica.

2. Se continúa silenciando la mente, calmando las tensiones, quitándonos de preocupaciones. Es la parte humana.

3. Finalmente nos interiorizamos, caminando por dentro de nosotros mismos. Es la parte espiritual, la más íntima de nuestro ser, nuestra habitación última, allí donde se suscita el encuentro interpersonal con Dios, de ser a Ser.

Hemos penetrado así a la dimensión más elevada, y a la vez la más profunda, de la esencia personal. Se ha obrado el rescate de la identidad, de "mi yo". En ese "sonoro silencio", estamos en clima espiritual propicio para acudir al enfermo en el nombre del Señor.

Sugiero a quien vaya a involucrarse con un enfermo, sea para atenderlo en casa o visitarlo, hablar primero con Jesús en oración, para que sus actitudes y palabras sean un reflejo de Jesús mismo. He dicho en otras ocasiones, que antes de ir a *hablar de* Jesucristo a los demás, es necesario *hablar con Jesucristo.*

Muchos pacientes están ahora mismo en espera de ese bálsamo humano y espiritual, que sólo puede darle quien es persona en lo profundo de su ser, y ha dialogado amistosamente con Dios.

Vayamos con la paz de Dios en el corazón, a servir al semejante que padece. Entreguemos al enfermo nuestro propio ser. Esto es atenderlo íntegramente, obrando así el bien en el mundo del dolor y del sufrimiento.

Para que un día, pueda decirse de quien tal hace, aquella frase eterna que pronunció san Pedro en casa del centurión Cornelio, cuando en la semblanza para explicar a los romanos quién había sido Jesucristo, dijo:

–Jesús de Nazaret fue el Hombre que pasó por el mundo haciendo el bien a todos, y curando a los enfermos. (Hech 10, 38).

II

Los secretos que guarda el enfermo

Radiografía íntima de un enfermo

Muchas personas que visitan a un enfermo, o atienden al que tienen en casa, fracasan en su propósito de beneficiarlo, a pesar de tan ejemplar intención. ¿Por qué sucede así?

Sucede por no considerar que dicho enfermo ya no es la misma persona con quien convivíamos antes, sino otra totalmente distinta. Su enfermedad lo ha hecho cambiar, y ahora nos es casi un desconocido.

Mis 48 años ejerciendo la Medicina, me llevaron a descubrir varias características en la intimidad de los enfermos, que son la clave para explicarnos el comportamiento que tienen.

Conociendo tales aspectos, será posible interpretar su personalidad, para que las actitudes de quien lo asiste, o lo visita, sean acordes con lo que necesita, y logre éxito al acompañarlo.

Doce características de todo enfermo

1. El enfermo es una persona.

¡Eso ya se sabe!, dirán algunos. Sin embargo, con frecuencia pasamos por alto que ese enfermo no es una enfermedad sobre la cama, sino un ser humano que contiene en su ser emociones, sentimientos, afectos.

Cuánta falta hace –incluso a los médicos– percibir al enfermo como persona concreta, con su personalidad integral, ahora conmocionada por el mal que padece.

2. Es una persona limitada en sus circunstancias.

Ayer andaba a sus anchas en el mundo. Desempeñaba su trabajo, sus actividades de familia y sociales, tenía planes a futuro, quizá hasta unas vacaciones en puerta. Ahora todo se le ha interrumpido; ya no le es posible seguir haciendo su programa de vida; se ve limitado al territorio estrecho de su cama.

3. Su condición orgánica está comprometida.

Varias molestias, algunas de ellas muy serias, acometen a los enfermos, dependiendo de la naturaleza de su padecimiento.

Éstas son, entre otras: dolor, necesidad de cambios de postura, dificultad respiratoria, sufrimiento en lo físico y en lo moral.

4. Su estado emocional está alterado.

Está decaído. Tiene miedos, a veces no externados, preocupaciones económicas, tristeza, que en ocasiones llega a la angustia y a la depresión.

Su panorama interior se ha ensombrecido, y requiere de comprensión en el cambio de comportamiento que, sin pretender, manifiesta hacia los demás.

5. Tiene incertidumbre acerca de su enfermedad.

Un caos de inquietudes preocupantes tienen tomada su mente por asalto: ¿Qué me van a hacer? ¿Me va a doler? ¿Cómo resultarán los análisis? ¿Cómo voy a salir de esto? ¿Sanaré?

Eso lo hace estar tensionado y temeroso, añadiéndose a ello su miedo a las complicaciones que le sobrevengan, a que empeore su estado, a morir.

6. En ocasiones está en la etapa de negación:

Elizabeth Kübler Ross, la creadora de la Tanatología, difundió en su famoso *Esquema de las cuatro etapas,* la de la negación, como la primera que le sobreviene a una persona cuando se descubre enferma. En su negación, son usuales réplicas así:

"Los doctores están equivocados". "No es cierto que tengo esta enfermedad". "Los análisis no son correctos". "La prueba salió alterada porque no me la hicieron bien".

La etapa de negación altera el carácter, haciendo que la persona se ponga conflictiva, difícil de tratar.

7. En otros casos, se muestra en etapa de protesta.

Ha entrado en pleito con Dios y con los demás. Reclama:

–¿Por qué a mí? ¿Por qué cuando mejor iba mi vida?

Suele suceder que esto ocasione agresividad en el enfermo, pero hay que comprender que ninguna de sus actitudes es deliberadamente personal contra nadie.

8. Entra en un estado de "negociación" con Dios y con los demás.

Cuando la *etapa de protesta* ha sido superada, el enfermo se torna dócil, y adopta indicios de corregir sus desvíos, pero condicionándolo a que con ello recupere la salud. Es frecuente escucharle expresiones tales como:

"Cúrame, Dios mío, y ya me portaré bien". "Voy a dejar de fumar", "ya no tomaré más", "haré puntualmente lo que me ordene el doctor".

9. Desarrolla una disposición de misticismo exaltado.

Ésta es una característica interesante, de la cual le sobrevienen al enfermo insospechados beneficios.

En la mayoría de los enfermos, la fe les brota a flor de piel. Si es alguien que no acostumbraba rezar, ahora reza. Si ya rezaba antes, ahora reza más.

Recurre al santo que "está haciendo milagros", al triduo o la novena que le recomendó la comadre. Muchos enfermos acuden a la Biblia y otras lecturas de índole espiritual.

He conocido ateos en todas partes, menos en los hospitales.

10. Acepta toda forma de recurso para sanar.

Estamos en tiempos de medicina alternativa, y el enfermo tiende a probar cualquiera de las formas que le sugieren: homeopatía, acupuntura, herbaria, reiki, "las bolitas verdes que traen de Japón", "el veneno de alacrán de Perú", "el hongo chino vitalizante".

11. Espera la ayuda incondicional de quienes lo rodean.

El enfermo da por hecho que las personas cercanas a él están siempre prestas a ayudarlo en lo que necesite. Ve como aliados a quienes acuden a él, y confía en obtener de ellos una asistencia sin restricciones.

12. Finalmente, acude al enfermo el acogimiento de su enfermedad.

Es la *etapa de aceptación*, al admitir su realidad orgánica.

"Está bien, estoy enfermo. Ahora lo sensato es hacer frente a la enfermedad". "Recurriré al mejor especialista, me someteré a los tratamientos que me indiquen".

El creyente, agrega en esta etapa de aceptación una plegaria de entrega:

–Señor, ¡hágase en mí tu voluntad!

•••••••••••••••••••

¿Cuánto tiempo dura cada etapa en un enfermo?

Es variable, pues depende de cada personalidad. En algunos casos, las etapas de negación y protesta son tan fijas, tan incisivas, que causan depresión con insomnio, pérdida de apetito y deterioro general. Otras personas, en cambio, sobrepasan rápidamente las etapas negativas con su deseo de superarlas, y así contribuyen ellas mismas a la recuperación.

Ahora, sabiendo ya lo que es un enfermo, podemos acudir a él dirigiéndonos al interior de su persona, que es allí a donde debemos enfocar nuestras motivaciones, para ayudarlo.

III

Acompañamiento integral al enfermo recluido en casa (1ª parte)

Reclamos a los acompañantes inexpertos

Uno de los motivos que me llevó a escribir este libro, fue solucionar el manifiesto descontento de muchos enfermos, por no estar bien atendidos. Su inconformidad surge de carencias en lo que es muy necesario, y a veces, hasta del más elemental cuidado, lo cual les afecta en su recuperación o en su bienestar.

A la par de tales reclamos, noto que muchos acompañantes de enfermos tienen un genuino interés por atenderlos bien. Con frecuencia me hacen preguntas como éstas:

–Mi mamá está en cama desde hace tres semanas, y según veo, va para largo. ¿Qué me recomienda que le consiga para que esté lo mejor asistida?

–Hemos perdido la esperanza de que mi marido se levante de su enfermedad. ¿Cómo darle una atención adecuada?

Enfermos molestos por asistencia deficiente; familiares inquietos que quieren saber cómo atenderlos. Esta simultánea exigencia, me manifestó lo urgente de resolver tales cuestiones.

Empecé por detectar los requerimientos que más se presentaban en enfermos de muy variadas circunstancias, en quienes descubrí diez necesidades materiales y ambientales, comunes a todos ellos, que en seguida se conocerán.

Diez necesidades materiales del enfermo en casa

1. Tener sus medicamentos a tiempo.

Muchos enfermos no están en aptitud de saber qué medicamento deben tomar, en qué dosis o en qué horario. Precisan de alguien que esté al pendiente de cumplir la prescripción del doctor.

Otras veces el paciente no puede valerse por sí mismo, y necesita ayuda para tomar las medicinas. Quien se las proporcione, ha de revisar la fecha de vencimiento en cada una. Me ha tocado ver entre los objetos de algún enfermo, frascos de medicinas que ya tenían meses de haber caducado.

También debo señalar el caso de aquellos pacientes que toman medicamentos psicotrópicos, antidepresivos, estimulantes o calmantes. Por obvias razones, téngase esmerado cuidado de mantener tales sustancias fuera del alcance del enfermo.

2. Estar aseado, y con ropas personales y de cama adecuadas.

Para una persona encamada, es muy desagradable ver que no se le cuida bien en su vestir o en las cubiertas de su cama. Hay padecimientos que impregnan las ropas de malos olores, y es necesario cambiarlas de inmediato, so pena de que el enfermo disemine hedores, siendo él quien los percibe primero.

Otras veces el paciente, sobre todo la paciente, es muy escrupulosa en tener buena apariencia cuando recibe visitas. Se le ha de ayudar a que esté lo mejor presentada posible, tanto en su arreglo personal como en su atavío.

3. Alimentación apropiada, a sus horas, en charola de uso fácil.

Éste es un tópico de suma importancia. La nutrición del enfermo es primordial para su restablecimiento, y factor indispensable que su organismo requiere.

Las comidas han de ser de acuerdo a la dieta indicada por el médico. Si es libre de grasas, de azúcares, de fibra, etcétera, ha de observarse al pie de la letra, sin complacer al paciente *caprichitos* a hurtadillas, lo cual suele acarrear graves consecuencias.

Es todo un arte ingeniárselas para que el enfermo pueda comer a gusto en una charola, mesilla portátil, o algún otro mobiliario adecuado. En los enfermos que están relativamente bien, la única postura posible para comer es reclinarse apoyado en almohadas.

Es importante advertir que nunca debe alimentarse a una persona en posición acostada. Tal imprudencia implica el riesgo de que el alimento penetre a las vías respiratorias, y obstruyéndolas, produzca graves consecuencias, incluso fatales, como es el caso de la broncoaspiración.

4. Que el ambiente de su habitación sea confortable.

Ha de procurarse que el paciente sienta su cuarto a gusto en temperatura, limpieza e higiene; lo que se llama una habitación agradable.

Hay personas que tienen menor tolerancia al frío o al calor, que otras. He encontrado pacientes que se quejan de que “me tienen el cuarto siempre muy frío”, mientras sus familiares aducen: “no sé por qué repela, nosotros sentimos que está muy caluroso allí dentro”.

Las dos partes tienen razón. Lo que pasa es que el desequilibrio orgánico le ha desbalanceado al enfermo su *termostato*, digámoslo así, y a él es a quien debe complacerse, manteniendo una temperatura ambiental a su agrado.

Algo que siempre debe evitarse, son las corrientes de aire que llegan a donde el paciente está encamado, a través de ventanas o puertas abiertas.

5. Tener a su alcance sus efectos personales necesarios.

Entre tales objetos están: agua para beber, lentes, pañuelos desechables, una luz de buró, cosméticos, medicamentos.

Tener a mano todo esto, es indispensable para el enfermo. No siempre ha de estar llamando a alguien para obtener lo que necesita de momento, como agua para su sed o para enjuagarse, luz adecuada que pueda encender si quiere un rato de lectura, etcétera.

Muchos enfermos piadosos desean tener consigo un rosario, una Biblia, un libro de oraciones. Recuérdese que la enfermedad pone la fe del enfermo a flor de piel.

6. Disponer de una manera fácil de llamar a alguien cuando lo requiera, sin tener que gritarle.

A ningún paciente le gusta tener que gritar para que alguien acuda a darle algo que necesita. Y lo más lamentable es que este caso suele ser frecuente. Para evitarlo, disponga alguna forma en que la persona pueda llamar fácilmente a los de casa, con la seguridad de ser atendido.

He visto hogares en los que, cuando hay un paciente crónico, colocan un timbre en la habitación donde con más frecuencia se encuentran los de casa, la cocina, por ejemplo. Otros recurren a un recurso más simple: una campanilla en el buró del enfermo.

7. De ser posible, mantener a los niños alejados.

Este alejamiento es tanto por la salud de ellos, como por las molestias que causan al paciente.

Los niños son hermosos, y su cercanía es siempre deseable, pero no para quien se siente indispuesto por su enfermedad, pues le incomodan y los prefiere lejos. Y callados, además, pues el llanto de los infantes y el griterío de niños juguetones, fastidian al enfermo.

Hago una excepción a este consejo cuando el paciente, sobre todo aquel en estado terminal, pide la presencia de los niños para verlos, hablar con ellos y acariciarlos, quizá por última vez.

8. Evitar factores que perturban: ruidos, exceso de personas, visitas no deseadas o a deshoras.

Hay muchos ruidos caseros que pasan inadvertidos a la persona sana, pero al enfermo le provocan tensión y molestia.

Entre otras cosas, televisiones con alto volumen, radios estridentes que acostumbran hoy día muchas personas, juegos electrónicos de niños con sonidos fuertes, en fin.

Recuerdo un enfermo frente a cuya casa trabajaban los albañiles, con su radio gritando cumbias a todo volumen, desde que amanecía hasta el anochecer. Tuve que ir a decirles que por amor de Dios, acabaran con ese ruiderío en consideración al enfermo.

9. Procurarle sus gustos y pasatiempos, admisibles con estar encamado.

Hay enfermos que, sintiéndose relativamente bien, desean dar cauce a su afición favorita, cuando ésta puede efectuarse en cama: lectura, televisión, música, etcétera.

En el modernismo, he hallado a muchos pacientes *navegando* por Internet en su computadora portátil, viendo películas en un pequeño DVD, u observando programas de su gusto en la televisión.

A la mayoría de los enfermos les cansan pronto los pasatiempos. Como quiera que sea, cualquier entretenimiento es benéfico para ellos, toda vez que distraen la mente, ocupándola en algo creativo.

Las últimas investigaciones –entre ellas del Dr. Herbert Benson, el introductor de *La respuesta al relajamiento*– revelan que cuando la mente está a *gusto*, los núcleos centrales del cerebro liberan unas sustancias llamadas *endorfinas*, que inducen en el organismo sensación de bienestar, confort y serenidad.

10. El teléfono: considerar si lo quiere tener cerca, o prefiere tenerlo lejos.

Esto depende de cada enfermo, pero en lo general, hay que evitarle estar contestando llamadas.

Un enfermo diabético con complicación renal, le dijo al sacerdote que lo visitaba:

–Estoy muy contento de morir cuando Dios me llame.

El presbítero pensó haber encontrado un alma profundamente mística, inmersa en el gozo de la muerte por sentirse ya cercana a Dios, pero el enfermo lo desengañó.

–No padre, lo que me pone contento, es que en el cielo no hay teléfonos.

Para otros, en cambio, es imprescindible tener un teléfono cerca.

Una señora, hablantina y simpática, me confió:

–Es mi pasatiempo de cada minuto y a todas horas. Dejo de usarlo nada más cuando estoy dormida.

Eso me hizo recordar el aforismo de Oscar Wilde: *El hombre habla por instinto de conservación. La mujer, por instinto de conversación.*

Cubriendo las diez necesidades básicas que he mencionado, se asegura al enfermo su comodidad y bienestar, logrando que se sienta a gusto por tener un adecuado ambiente en su habitación, y todos los objetos y servicios que requiere, a su disposición inmediata.

IV

Acompañamiento integral del enfermo recluido en casa (2ª parte)

Necesidades afectivas del enfermo

Los satisfactores mencionados en el capítulo anterior, están dirigidos al bienestar material del enfermo, en sus circunstancias periféricas. Pero debido a que el padecimiento lo ha conmocionado emocionalmente, necesita también ayuda en el aspecto anímico.

En este sentido, es de señalarse con énfasis, en estos tiempos de materialismo y menosprecio al ser humano, que a todo enfermo le hace falta que su acompañante lo haga sentir un cálido trato personal en lo humano y lo espiritual, encauzado hacia su intimidad.

Este propósito se consigue empezando por mirar al enfermo con el corazón.

A través de mi experiencia, he recabado diez actitudes afectivas esenciales, para que el enfermo se perciba tomado en consideración y querido. Las he llamado *Los diez mandamientos de amor y compasión al enfermo.*

Diez actitudes para lograr la plenitud interior del enfermo

1. Hacerle sentir una presencia verdadera

¿Qué es la *presencia verdadera*? ¿Cómo se logra?

La *presencia verdadera* consiste en un *estar de veras* con el enfermo.

Quien acude al enfermo con auténtico propósito de acompañarlo, está allí. En esos momentos no tiene pendientes, ni prisa, ni más puntos de atención que el enfermo. Todo su ser está ocupado en estar con él. O mejor, en *estar en* él. Ésta es la actitud que he denominado presencia verdadera. La presencia que el enfermo necesita.

Mi vida de médico me ha hecho patente que el enfermo es una persona altamente perceptiva. Por procesos psicológicos aún no estudiados del todo, intuye de inmediato el fondo de los motivos que tiene quien lo visita. Y sabe cuándo éstos son sinceros.

Así, también, advierte la *presencia verdadera*, distinguiéndola de quien va por compromiso, o con intenciones falaces. Sabe cuándo la persona que lo acompaña quiere estar de verdad, o sólo por cumplir un compromiso familiar o social. Lo sabe al igual que como sentimos la franqueza o la frivolidad de un saludo social.

Quien llega al enfermo movido por interés en él, y en nada ni en nadie más, no *lo ve* con los ojos: *lo mira* con sus sentimientos. No *lo oye* con los oídos: *lo escucha* con el corazón.

Es un inédito *estoy en ti*; desde dentro de mi piel, hacia dentro de tu piel; de persona a persona, de ser humano a ser humano.

Estoy en ti. Vengo a manifestarme dispuesto a hacer por ti lo que sea necesario para que tengas bienestar y paz interior. Vengo a ti porque me importas, más de lo que tú mismo te imaginas.

2. *Transmitir amor al enfermo.*

A partir de esta *presencia verdadera*, se ha abierto la puerta para que quien acude al enfermo, pueda externarle su sentimiento de amor. Me refiero al amor entendido como entrega de sí mismo al enfermo, donación de su tiempo. Amor que es abnegación, incluso sacrificio.

Muchos se estarán preguntando: pero... ¿cómo doy amor a mi enfermo? ¿Es un estarle diciendo "te quiero"? ¿Es dirigirle palabrería dulzona?

No está mal, pero se trata de algo más que eso. Ha de procurar llegarse a una identificación mutua con el enfermo, entrelazados ambos del corazón. Penetrar afectivamente a su intimidad en un encuentro en el núcleo esencial de su entraña.

3. *Compasión.*

La tercera necesidad afectiva del enfermo es la compasión.

Me refiero a una compasión no entendida como lástima o conmiseración, sino en el sentido de identificarse con el paciente en su circunstancia, en su limitación, en sus emociones alteradas. Recordemos que en su significado original, la palabra compasión significa *padecer junto con*.

Habremos de entender, pues, la compasión, como un llamado íntimo a identificarse con quien sufre, para con ello, llegar a la unificación afectiva en su panorama de sentimientos y temores.

4.- *Comprensión.*

Uno de los requisitos importantes para quien acompaña a un enfermo, es entender que la enfermedad descompone su ánimo.

Muchas inquietudes molestan su estado emocional. Por todo eso, quien atiende al enfermo ha de estar atento a descubrir qué le perturba, para actuar en consonancia con tal condición anímica.

La comprensión implica el carisma de ponderar las circunstancias que vive otra persona. Aquel que comprende, deja de ser él mismo, para ponerse bajo la piel del otro.

Hay una expresión muy mexicana para significar eso: *Nadie sabe lo que trae el otro, hasta que menea la misma cazuela.* Y otra de los indios navajos norteamericanos: *Si quieres comprender a una persona, camina dos lunas en sus mocasines.*

5. Paciencia.

La paciencia es fruto del Espíritu, que conlleva a tolerar al enfermo sus desvíos, a no desesperarse con la conducta "rara" que éste tiene ante propios y extraños. *El amor soporta sin límites*, proclama san Pablo.

Quien se comporta con paciencia ante el enfermo, de seguro ha ganado su simpatía, aunque éste no se la externe. Por el contrario, mostrar impaciencia o fastidio en el acompañamiento, es uno de los defectos más seguros para que el enfermo prefiera no ver allí a quien está con él.

La falta de paciencia por parte del acompañante, hace que el enfermo se sienta más desvalido de lo que está. He presenciado casos en los que tal actitud de exasperación por parte de familiares, inhibe al enfermo para pedir algo que necesita.

Un psicólogo me comentó que evidenciar fastidio ante una persona encamada, bloquea la libre manifestación de sus deseos, y la conduce a un estado de frustración, agregado a su enfermedad.

6. Permanecer siempre alguien disponible en casa.

Es necesario que el enfermo sepa que está constantemente acompañado en casa, por alguien presto a proporcionarle lo que se le ofrezca. En este sentido, la recomendación es no dejar nunca solo al enfermo.

Para quien lo ha dejado, es "nada más por un rato". Pero el enfermo lo siente como abandono total. Son minutos que se le hacen horas en las que lo invade temor, desvalimiento. "¿Y si algo me pasa mientras no hay nadie aquí?".

Parecería recomendación de sobra. Sin embargo, consigno este requerimiento de que el enfermo esté siempre acompañado, porque he visto personas encamadas a quienes dejan solas "porque se me ofreció ir al *super*", o "tuve que salir unos momentos". Y esos momentos fueron horas.

En un enfermo delicado, éste dejarlo solo puede ser en extremo peligroso. ¡Cuántos casos de arrepentimiento inútil por haber salido "unos momentos"!

7. Contacto corporal.

El contacto corporal con el enfermo, es clara manifestación de acercamiento afectivo. Los sitios de elección para dicho contacto, y por lo general los únicos, son la frente del enfermo y sus manos.

Por supuesto que este contacto ha de hacerse con prudencia, sin molestar, por ejemplo, el dorso de la mano en la que está insertada la vía de administración intravenosa.

Incontables casos me han demostrado que un simple tomarle efusivamente la mano al enfermo, penetra a su interior más que las palabras. Esto es especialmente válido en ocasiones en las que no se sabe qué decir.

El Cardenal Villot moría en París. Su presbiterio caminaba en la habitación, orando. Lo veían agonizar. Su sacerdote predilecto le tenía tomada la mano entre las suyas. Con la otra, el Cardenal dio la bendición a los padres y les hizo una señal, indicándoles callar aquellos rezos.

–Esta mano del padre Barié, me une con Dios desde cada uno de ustedes –dijo apagadamente–. Luego, soltándola, pronunció su frase última, que se ha hecho célebre:

–Y ahora salgan todos, porque me gustaría morir solo.

Sí, una mano afectiva dice más, mucho más, que todas las palabras.

8. Complacencia.

Hemos de complacer al enfermo en su persona; concederle sus gustos, consentirlo.

Con frecuencia he escuchado a hurtadillas del enfermo frases como: "Es que se ha vuelto muy necio"; "está insoportable"; "nada le gusta, todo le molesta".

Puedo asegurar que ningún enfermo quiere nunca causar molestias intencionalmente. Lo que pide, no lo hace con ánimo de fastidiar a nadie, sino porque quienes lo rodean son las únicas personas a las que puede recurrir para tener lo que necesita.

No niego que esta circunstancia pueda tornarse abrumadora para quien tiene a su cargo a un enfermo al que ha de asistir continuamente largas horas del día o de la noche. Es aquí donde se ponen a prueba la entrega, la paciencia y el sacrificio, virtudes en las que sólo persevera quien ha encontrado sentido humano y espiritual para atender al enfermo.

Porque en el trasfondo de sus acciones, palpita el amor al prójimo, el amor a Dios.

9. Inducir calma y paz.

Hablar con los enfermos acerca de Dios, cuando hay un clima propicio para ello, es un bálsamo cuyos efectos benéficos –a veces curativos– están siendo estudiados con creciente interés.

Muchos enfermos piden que se les lean pasajes de la Biblia, oraciones o fragmentos de libros con tema espiritual; otros encuentran una gran tranquilidad cuando el acompañante los invita a orar.

Además de palabras divinas, hay palabras humanas que también favorecen notablemente al enfermo, como el asegurarle que su doctor es el mejor especialista, alentarlo por estar poniendo todo de su parte para aliviarse, infundirle el optimismo de que su fe en Dios lo llevará a esperar lo mejor, y otras expresiones de ese tenor.

10. Orientarlo en sus inquietudes materiales y espirituales.

Algunos pacientes, intranquilos por su porvenir orgánico, buscan respuesta a sus dudas de diagnóstico o tratamiento. Otros, están preocupados por solventar gastos ocasionados por la enfermedad, o por gestiones con su compañía de seguros. La respuesta que se les dé en tales asuntos, no debe improvisarse. Llámese a alguien experto para que informe al enfermo sus cuestionamientos.

He encontrado enfermos que me confían "no estar listos" porque les falta hacer su testamento, y eso les perturba. Lo razonable en esta situación, es conseguir un abogado que habilite el trámite, ya sea que el enfermo tenga uno de su confianza, o recomendarle al que se considere idóneo para tal efecto, y prestarse a gestionar sus servicios.

Una renovada capacidad de asombro

Como se aprecia, en el acompañamiento al enfermo en casa, campea una actitud en la que se le tiene por personaje principal. A él, a ella, va dirigida toda la atención y disponibilidad de la persona que lo atiende.

Cuando se asiste a un enfermo recluido en su domicilio, es de tomar en consideración un hecho que he observado respecto a sus visitantes. Lo cito aquí para que quien vive con el enfermo, no se alarme cuando vea que esto sucede.

Por lo general, los primeros cinco a siete días que el enfermo está en su casa, es novedad para familiares y amigos, y son muy numerosas las personas que van a verlo. Conforme pasan los días, las visitas van disminuyendo. Después de tres semanas, son escasas.

Al mes o dos meses de estancia del enfermo en su domicilio, se agotó la novedad, e invade a sus familiares más cercanos un estado de cansancio, de acostumbramiento, en el que lo dejan en manos de personal que lo atiende por contrato. Incluso el cónyuge y los hijos, vuelven su interés primario a los asuntos de antes.

Pasados tres meses, el enfermo pasa a un segundo término, sin obtener ya la intensidad de cuidados de los primeros días.

¡Qué loables son las excepciones a tal proceso de desgaste en la atención al enfermo, causada por el tiempo!

Para no caer en esta tendencia general, que ciertamente deteriora la atención en perjuicio del enfermo, debe recuperarse diariamente la capacidad de asombro ante el postrado en cama, para atenderlo con renovado interés cada día, como si fuese el primero.

V

Visitando al enfermo en su hogar (1ª parte)

¡Gracias por tanto bien que me haces!

Mientras el acompañamiento del enfermo recluido en casa suelen efectuarlo sus familiares más cercanos, como una responsabilidad indeclinable, las personas que lo visitan lo hacen porque lo quieren. Por ello, para el enfermo, sus visitantes significan el contacto afectivo que lo vincula con su mundo más allá del círculo familiar. De esa dependencia sentimental surge la importancia de que el visitante sepa cómo realizar bien su encuentro con el enfermo.

La visita a un enfermo no es algo circunstancial, sino un evento de trascendencia. En el rato que dura, el visitante puede trasmitir sentimientos y motivaciones humanas y espirituales, dejando a su visitado calma en su organismo, paz en su corazón y a Dios en su alma. Pero también quien visita al enfermo puede ser una carga, si al estar con él hace lo que no debe.

¿Cómo proceder, pues? ¿Qué sí hacer y qué no hacer al visitar a un enfermo? Veremos en su oportunidad las acciones negativas que hay que evitar. Por lo pronto, este capítulo lo dedico a mencionar las actitudes positivas que *sí* deben procurarse, en bien de la persona visitada.

Las he llamado *Las quince actitudes benéficas al enfermo.*

Antes de exponerlos, haré una recomendación general.

La visita al enfermo tiene el propósito de estar ante él en esa *presencia verdadera* que citaba antes, propósito que será tanto más provechoso cuanto mejor prepare el visitante su propia condición emocional y espiritual, según se explicó en el primer capítulo de este libro.

También sugiero enterarse previamente, dentro de lo posible, de los pormenores de la enfermedad que aqueja a quien se visita. En muchos casos esto no es factible, pero si lo fuese, conviene saber los antecedentes, el estado actual, y las expectativas de recuperación de la persona, porque se entiende fácilmente que no tiene el mismo tono visitar a una persona en franca vía de recuperación, que llegar ante otra cuyo estado va empeorando.

He aquí quince acciones que *sí* deben hacerse con el enfermo.

Quince acciones que sí deben hacerse

1. Al llegar, saludarlo con una frase que lo haga sentir importante y halagado.

Siempre conviene que sea el visitante quien inicie la plática, pues empezar por hacerle preguntas al paciente respecto a su salud, lo tensiona, viéndose forzado a tomar la iniciativa.

Se dice, y con razón, que la primera impresión que damos frente a alguien es determinante, pues se percibe como impacto que perdura. Por ello, cuando dirigimos palabras iniciales al enfermo que visitamos, deben aprovecharse para causarle una sensación grata.

Es favorable que el visitante comience su plática con expresiones que induzcan ánimo:

–Dejé otras cosas para estar contigo.

–Vine a verte, porque me interesas mucho.

2. Mostrar desde el principio de la visita un genuino interés por la persona del enfermo.

Entre los más marginados del interés de las personas en el mundo actual, están los enfermos. Esto hace que sea muy apreciado el hecho de que alguien se tome tiempo de salir de sí mismo, e ir al semejante encamado para hacerle compañía.

Quien visita al enfermo con interés sincero, es distinguido de inmediato y tenido en alta estima por quien recibe tal atención.

3. Mostrarse magnánimo, dejando preocupaciones afuera.

Nuestra actitud interior se nos refleja inevitablemente en el rostro, en la mirada, en las posturas y actitudes corporales.

Cuando en el interior hay afabilidad, se nos manifiesta exteriormente, sin pretenderlo.

Decepciona mucho a un enfermo ver en su visitante un semblante hosco o con gesto de preocupación, efecto de algún conflicto anímico que se trae.

Me sucedió en la visita a un ser querido. Estaba ella, de 85 años, postrada por malestares abdominales de un cáncer de ovario. Al llegar yo, que iba en estado de tensión, lo primero que me dijo fue:

–Te noto preocupado, Jorge. ¿Te dijo el doctor algo de mí que yo no sepa?

Cuando salí de visitarla, me pesaba no haberme olvidado de mí mismo y de mis inquietudes, que ciertamente eran ridículas en comparación a las que ella, que afrontaba la muerte, contenía calladamente.

4. Sentarse en actitud receptiva de diálogo.

Sentarse en ademán tranquilo y comedido, es indicativo de disponibilidad. Los enfermos gustan de que sus visitantes *estén* con ellos, y esta postura sentada de quien lo visita, manifiesta interés, más aún si el visitante se inclina hacia el enfermo, dispuesto a recibir su comunicación.

Una persona que se propone *estar allí*, con el enfermo, en esa *presencia verdadera* de la que hablé antes, ha de sentarse situado en donde el encamado pueda verlo sin tener que adoptar posiciones forzadas.

Es un *sentarse activo*, aproximándose al enfermo para mostrarle afecto, lo cual percibe porque se adentra a su interioridad, cual si su visitante le dijera sin palabras:

–Estoy en ti.

5. Incluir en la plática frases que lleguen a lo profundo del enfermo.

Vivimos un mundo de egoísmos donde se conjuga diariamente la gramática del ego: Yo, mí, me. A mí, para mí, conmigo.

Por eso cuando salimos de nuestro centro individual, encontramos el camino para hacer el bien a nuestros semejantes, y somos bien recibidos, especialmente por los enfermos, que tanto necesitan ayuda del prójimo.

–Venía pensando en cómo poder ayudarte.

–Te echo de menos porque me haces falta.

–Qué bueno es estar con una persona que me da tanto ejemplo como tú.

Estas frases suscitan diálogo. Unas veces el enfermo modesto quedará callado ante el encomio. Otras –y esto es frecuente– preguntará:

–¿Qué ejemplo es ése que dices que te doy?, o

–¿para qué te hago falta?

A partir de allí exaltarle sus cualidades: hablar de su entereza, ensalzarle su fe, etcétera. Enfatizo lo dicho anteriormente: lo que se expresa al enfermo, ha de ser con sinceridad.

Si el paciente induce un tema determinado, no eludirlo, aun si se trata de su porvenir orgánico.

Muchas personas temen conversar con los enfermos cuando se trata de su padecimiento, sobre todo si éste es grave, crónico o presagio de una muerte que se avizora cercana.

Hay razón en tener cautela al hablar de esas cuestiones, pues desalienta mucho al enfermo darse cuenta de que el visitante rehuye la conversación o, más aún, sospechar que le está mintiendo.

He escuchado el siguiente diálogo:

–Sé que es muy grave lo que tengo…

–No mira, mejor vamos a hablar de otra cosa…

Lo honesto es enfrentar los interrogantes del paciente. Cuando éste expresa sus miedos, incertidumbres o confidencias a quien lo visita es, en primer lugar, porque le tiene confianza y, en segundo, porque espera una respuesta franca y sin rodeos.

7. Condúzcase siempre con la verdad, y sea franco en lo que dice.

Los enfermos suelen preguntar de medicina a personas no médicas. Si no sabe la respuesta a lo que se le pregunta, no invente. Diga francamente "no sé". Si conoce la respuesta, háblela en términos claros y concisos.

Recuerde, una vez más, que todos los enfermos desarrollan una capacidad de percepción muy aguda, que les hace descubrir en el acto lo que es verdad y lo que es mentira. Esto aplica también para cuando reciben respuesta a lo que preguntan.

Me permito hacer énfasis en el grave daño anímico que causan al enfermo las mentiras. Y por supuesto, el visitante que en tal incurre, quedará desacreditado y será indeseable a partir de entonces para la persona que ha visitado.

8. Animarlo, alentándole confianza en su doctor, y en su capacidad de recuperación.

Si conoce casos comparativos al del enfermo que visita, positivos en su evolución o en el resultado final, coménteselos.

Está plenamente demostrado que la curación o mejoría de un enfermo depende, en gran medida, de la confianza que tenga en su doctor, y en los procedimientos médicos que se le efectúan. Por esto es importante que confirme por terceras personas, que está en las más expertas manos profesionales.

Es muy benéfico para el paciente verse animado en su actitud de superación para salir adelante de ese trance, y en sus capacidades orgánicas y emocionales como factores que lo impulsan a recuperarse.

En ese sentido, ayudan mucho expresiones como:

–Tienes a tu favor tus ganas de sanar y tu ánimo de seguir las indicaciones que te dan para recuperarte.

–A quien pone el cien por ciento de su esfuerzo por superar la enfermedad, como tú, Dios le manda el cien por ciento de buenos resultados.

9. Pregunte al enfermo en qué puede servirle.

"El verdadero acompañamiento al enfermo –explica el padre Víctor Pérez Varela, S.J.– no implica ingerencia o imposición, sino ayuda. Una ayuda que significa crear vínculos, como diría *El Principito*: "Así, conoceré el rumor de tus pasos".

Siempre es de gran consuelo para el enfermo saber que alguien está dispuesto a intervenir para conseguirle lo que necesita.

Mostrarse servicial al enfermo, gana su confianza y le hace mucho bien. A casi todos los encamados les hace falta algo que no pueden obtener por sí mismos, desde algún objeto, hasta un trámite.

Muchos enfermos, por su prudencia, no quieren causar molestias y se quedan sin pedir lo que requieren de momento. En este caso es imposible adivinar, pero en ocasiones lo manifiesta algún indicio en su hablar o su actitud. Es entonces cuando el visitante en *presencia verdadera* puede descubrir lo que su visitado requiere.

10. Si el paciente pide consejos, déselos desinteresadamente.

Por las nuevas circunstancias que su enfermedad le hace vivir, el enfermo es una persona urgida de orientación.

En la mayoría de los casos tiene dificultades intelectuales o emocionales para tomar decisiones. Por ello precisa consejos, y recurre a quien él considera que se los puede dar. Si los pide al visitante, es porque ve en él la persona indicada para obtenerlos.

Muchas veces tales consejos se refieren a situaciones de carácter personal o familiar. Otras, entran en el terreno de la psicología por tratarse de aspectos emocionales del enfermo, o de sus familiares.

Si por desconocimiento de la cuestión, no se le ocurre ningún consejo que dar al respecto, siempre es preferible la franqueza de decir "no sé", a soltar disparates. En este caso, lo mejor es asegurar al enfermo que le ayudará a recurrir a un conocedor de ese asunto. Ofrézcase a conseguirle apoyo.

11. Hable de lo humano, de los sentimientos, de los afectos.

Es un tema de vital importancia, que casi nunca se habla con el enfermo. Existe siempre una suerte de tabú, o de falso respeto, que impide penetrar al terreno sentimental y afectivo en las visitas a los enfermos. Sin embargo, el enfermo espera que le hablen, y hablar él mismo, de esto.

Tales pláticas tocantes a los sentimientos íntimos, tienen la característica de que van siempre dirigidas a lo profundo del ser. Su mayor hondura se logra entre dos familiares identificados, y en personas que se tienen una a la otra por "su mejor amistad".

Estos diálogos son muy enriquecedores, pues contienen intercambio de impresiones acerca de asuntos que tocan el fondo del ser, en esos momentos insustituibles para el enfermo: el significado de la vida, de la enfermedad, el amor, los sentimientos.

12. Induzca suavemente el tema espiritual, al enfermo.

Si durante la visita se ha llegado a un clima de interioridad, está ya preparado el camino para abordar con el enfermo el diálogo espiritual, culmen del trato mutuo.

Sin embargo, éste ha de ser iniciado delicadamente, sin forzar la tendencia anímica de la persona, cuando se ha franqueado el paso al territorio íntimo del espíritu.

Para estos casos, he utilizado expresiones como:

–He orado por ti, en mi casa y en la iglesia. Pero ahora, si deseas, podemos hacer aquí, juntos, una oración por tu salud.

La oración que sigue a este diálogo ha de ser personalizada. No se trata de rezar Avemarías o Padrenuestros. Si se hace, ¡qué bueno!, pero me refiero más bien a orar, dirigiéndose al Padre con palabras evocadas de las circunstancias del enfermo que se visita.

Una variante de esto es decirle:

–Deseo hacer oración por ti, en el nombre del Señor Jesús– y proceder a orar personalizadamente, tomando al paciente la mano.

Este tema se trata ampliamente en el capítulo *La visita cristiana al enfermo.*

13. Ser asiduo en las visitas.

Es importante que el enfermo sienta que su visitante no fue ocasional, sino alguien que está dispuesto a acompañarlo con frecuencia.

La visita al enfermo, sobre todo si fue exitosa, provoca en el visitante euforia y satisfacción, que llevan a prometer visitarlo de nuevo tal día. No es raro que sea el propio paciente quien muestre los deseos de una siguiente visita.

–¿Cuándo vienes otra vez a verme?

Debo señalar que si se promete al enfermo volver a visitarlo, habrá de tenerse la seguridad de poder cumplirle. Somos dados a hacer promesas con ligereza, pensando que sería lo de menos si se cumple o no, máxime que "mi amigo entiende que ando en mis ocupaciones, y me disculpará".

Efectivamente, nosotros andamos en los asuntos de la vida, pero él sólo está en lo suyo, y lo único suyo es su enfermedad, sus molestias, sus medicaciones, y las personas en las que siente apoyo. Y el visitante es una de ellas. Por eso, aunque la promesa de volver a ver a nuestro enfermo puede ser para nosotros asunto trivial, pero para él es de lo más serio.

Quien acude al enfermo se convierte en parte de su mundo. De allí la responsabilidad de cumplirle.

Una promesa al enfermo, es compromiso formal e ineludible.

14. Pedir la bendición del enfermo.

A algunos pacientes, si se ve la disposición, puede pedírseles:

–Antes de irme, bendíceme tú a mí, porque tienes a Dios contigo.

Hice este descubrimiento a partir de un enfermo que visité en una ocasión en el hospital. Estaba él tan desvalido, tan deprimido, que se mostraba hosco, reacio a toda palabra de aliento. Entonces se me ocurrió decirle:

–Dios está más cercano a ti de lo que te imaginas. ¿Te acuerdas de cómo Jesucristo se preocupó tanto por los enfermos? Por esa predilección de Dios hacia los enfermos, Dios está contigo. Por eso quiero pedirte que me bendigas.

Me hinqué junto a su cabecera, y no tardé en oír su pregunta, disponiéndose a hacerlo:

–¿Cómo lo bendigo?

–Ponme tu mano aquí en mi mano, y di:

–Yo, Gilberto, te bendigo a ti, Jorge, en el nombre del Padre, y del Hijo, y del Espíritu Santo.

Así lo hizo, y cuando me levanté vi en su semblante una mirada de gozo. Supe que su disposición interior había cambiado.

Desde entonces acostumbro en mis visitas, al retirarme, pedir la bendición al enfermo. Esto me inspiró la oración *Bendíceme tú, enfermo* (pág. 95).

15. Sea efusivo cuando ya se va.

Un beso, un franco tomarle la mano como despedida, una sonrisa cálida, un ademán de que las cosas seguirán bien; todo ello es signo de afecto entrañable del visitante hacia el enfermo, quien quedará con esta última manifestación de cariño perdurándole en su interior.

Así como la primera impresión fue importante, la última también lo es, toda vez que queda plasmada en el recuerdo inmediato del enfermo.

•••••••••••••••••••

Preguntas frecuentes acerca de la visita al enfermo en casa

P.– Somos un grupo de amigas. ¿Cuántas considera usted que debamos ir a visitar a nuestra enferma?

R.– Nunca más de dos. Tres o más forman una reunión indeseable para el paciente.

Aclaración: en visitas acompañadas no es posible penetrar en la intimidad del paciente. Éstas son, más que todo, visitas sociales.

P.– ¿Qué horario es el más conveniente para visitar enfermos?

R.– Buena pregunta, e importante además.

Por las mañanas, de las 11.00 a.m. en adelante, para retirarse a las 13.00 hs.

Por la tarde, de las 17.00 hs. en adelante, para retirarse a las 19.00 hs.

Recuerde siempre que la visita será previo aviso. No exceder tales horarios por las inconveniencias hogareñas que se provocan.

P.– Deseo llevarle a mi enfermo un regalo, "un recuerdito", algo que le muestre mi cariño. ¿Qué sugiere?

R.– Usted conoce los gustos y aficiones del enfermo. Actúe de acuerdo a ello. Si le gusta leer, llévele un buen libro; si gusta de la música, un disco agradable.

Nunca regalos que le impliquen trabajo, como rompecabezas o modelos para armar. Tampoco comestibles ni bebidas, a menos que esté previamente de acuerdo con las indicaciones médicas.

En todas las farmacias se consiguen "pastilleros", bolsas para disponer basura y otros objetos clínicos útiles, que el enfermo apreciará.

En las mujeres, los "peluches" son siempre bienvenidos. En hombres, artículos de utilidad práctica, como termos, linternas para buró, etcétera.

P.– ¿Qué hago si durante mi visita el enfermo llora?

R.– Acérquele pañuelos deshechables y déjelo que llore todo lo que quiera. Tómele la mano y complazca su llanto.

P.– ¿Y si se pone nervioso, irascible, agresivo contra mí?

R.– Estas situaciones son de difícil manejo y exigen prudencia por parte del visitante.

Por principio, no lo agreda. Concédale la razón en lo que dice, y trate de comprender el por qué de tal reactividad, justificándolo. Si con esto no logra que se calme, dígale que considera esa conducta suya como nada personal contra usted, y pregúntele qué puede hacer por él. En todo caso, llame al familiar más cercano al enfermo.

P.– Si el enfermo tiene ganas de orar y a mí no me sale nada, ¿qué hago?

R.– Pida a una persona de la casa la Biblia o un libro de oraciones, novenario, etcétera, y léale un pasaje. A partir de allí, coméntele la Palabra de Dios.

Al ir a visitar enfermos, es conveniente llevar en el auto una Biblia o un libro apropiado para estos casos.

VI

Visitando al enfermo en su hogar (2ª parte)

¡No me hagas eso!

Muchas personas van a visitar al enfermo con su mejor intención y, sin embargo, tal visita les resulta un fracaso, a juzgar por el disgusto que causan al paciente o por la falta de empatía que reciben de su parte. Esto es debido a que se incurre, sin querer, en agresiones a las circunstancias del enfermo, tales como invadir su persona, su espacio o su tiempo.

Lo que molesta a un enfermo es tan imperceptible para la persona sana, que inadvertidamente se cae en eso al visitarlo. Le surgen entonces expresiones explícitas, o que se guarda por educación:

–¡Preferiría que él no hubiera venido!

–¡Qué molesta me sentí desde que ella llegó a verme!

O en ocasiones advierte a sus familiares, previniéndose de futuras visitas:

–La siguiente vez que venga, díganle que estoy dormido.

En mi ejercicio profesional he visto miles de enfermos, a sus acompañantes y a sus visitantes. Yo mismo he sido paciente, y han acudido a visitarme familiares y amigos a mi cama de hospital o de mi domicilio. Tales experiencias me enseñaron lo que fastidia a quien está encamado.

Reuní quince acciones principales que es preciso evitar para con el enfermo, librándose con ello de que la buena voluntad de atenderlo o visitarlo, caiga al precipicio de actos malogrados.

He llamado a estas actitudes indeseables *Los quince no*.

Quince errores que no deben cometerse

1. No visitarlo inesperadamente.

Ningún enfermo está preparado para recibir visitas a todas horas. Y lo más tensionante para él, ¡sobre todo para ella!, es recibir a alguien que aparece en su habitación de súbito.

–¡Y yo sin arreglarme!– se lamenta la persona en cama.

A veces el visitante llega precisamente cuando el enfermo no se encuentra en condiciones para recibirlo, ya sea porque en esos momentos le administran tratamientos, o porque efectúa su aseo personal o simplemente no está de humor para socializar con nadie.

Muchos pacientes no duermen bien la noche anterior, y han de reponer su sueño durante el día. ¡Qué insolente sería el visitante que lo priva de esta necesidad vital!

Por estas y muchas otras razones que el sentido común dicta en cada caso, es imperativo que todo visitante anuncie, desde antes, su deseo de visitar al enfermo, preguntando si es prudente hacerlo, y qué hora es la más indicada para ello.

2. No manifestar prisas.

Es frecuente oír que el visitante suelta desde su llegada:

–Vengo a verte de prisa; ando muy a la carrera.

–Estaré sólo un ratito, porque tengo otro pendiente.

–Llegué de pasadita, porque voy a ver también a otra amiga.

¿Qué pensará ante esto el enfermo? Si su educación no se lo impidiera, creo que diría:

–Pues si tan de prisa estás porque hay algo que te importa más que yo, mejor ni hubieras venido.

3. No mostrar rechazo al aspecto del enfermo.

Pocas actitudes son tan hirientes para una persona encamada como el hecho de que alguien le insinúe que tiene mal apariencia, o que se arregle en su persona, o componga su cuarto.

Asimismo, debe evitarse a toda costa hacer ademanes de percibir malos olores.

Hay personas que no toleran ver sangre, o vendajes manchados, o pacientes con cánulas o agujas. Quienes se impresionan ante tales escenas, tendrán que abstenerse de la visita. Es preferible saludar a su enfermo por teléfono, a ir a ponerse pálido o estar a punto de un desmayo.

4. No colocar objetos ni sentarse en su cama.

La cama es territorio personalísimo del enfermo, estrictamente privado, y pertenece en exclusiva a quien la ocupa. No se le debe invadir poniendo objetos allí, o peor aún, sentarse sobre ella.

Somos dados a deshacernos de los objetos que portamos al llegar a un domicilio (la bolsa de mano, el paraguas, el saco) dejándolos en cualquier parte. Pero la cama del enfermo no debe ser depósito de nuestras cosas. Busque algún otro lugar para ponerlos.

En una ocasión estaba visitando a una enferma, y en eso llegó un amigo mutuo cargando unos libros que venía de comprar, los cuales colocó en la piecera de la cama. La enferma lanzó un alarido sin disimulo. Me apresuré a quitar de allí aquel peso para liberar del dolor a la enferma, operada de una fractura del tobillo que no lograba cicatrizar.

En cuanto a sentarse en la cama del enfermo, señalo que es de muy mal gusto, y pésima costumbre. Lastima al paciente no sólo en su organismo, sino también en su intimidad.

En buena psicología, eso de sentarse en la cama del enfermo se llama invasión de la privacidad personal. Es un verdadero atentado a la integridad de la persona, y una gran falta de respeto.

5. No llevarle golosinas, comidas o bebidas.

Queremos mucho al enfermo, y deseamos mimarlo llevándole "unos dulcecitos". Pero ¡cuidado!, una cosa es mimarlo, y otra muy distinta es exponerlo a que se complique su enfermedad.

La prudencia indica no regalarle golosinas, ni enfrentarlo a la tentación de un atractivo estuche de chocolates. Tampoco "estas galletitas que te preparé".

Todos los enfermos tienen una dieta que observar, y han de llevarla con disgustante rigidez. Pero disgustante y todo, debemos acatar las indicaciones del doctor, sin arriesgar a nuestro visitado a que se le agrave su padecimiento.

¡Ojo!, tampoco ser complaciente "a escondidas". Es lo peor que se puede hacer. Recuerdo el caso de un enfermo cuyo compadre le llevó, secretamente, una caja de los dulces que tanto le gustaban.

–Nadie tiene por qué darse cuenta, compadre. Al cabo ahí los guarda debajo de la almohada.

El obsequio furtivo estuvo a punto de costarle la vida al enfermo, quien "inexplicablemente" entró en un coma diabético. La explicación vino cuando la esposa descubrió las malhadadas golosinas, en el escondite sugerido por tan querido compadre.

El mismo caso es para las bebidas inducidas para que el enfermo las tome fuera de indicaciones. "Aquí te traje este juguito que tiene muchas vitaminas". "Traje a regalarte este refresco de los que usan los atletas; te mejorará".

Tales ofrecimientos se hacen con el mejor propósito, pero, enfatizo, son en extremo perjudiciales. Ha de comprenderse que los enfermos tienen sus muy particulares prescripciones dietéticas, y éstas han de ser obedecidas al pie de la letra.

6. No andar caminando de un lado a otro. Sentarse.

Hay quienes durante su visita, andan caminando sin cesar, de un lado para otro, por la habitación del enfermo. Tal movimiento perpetuo manifiesta prisa, nerviosismo y hasta un deseo inconsciente de no encarar al enfermo. Además, lo fastidia.

Un enfermo amigo, cuyo visitante caminaba ante él en incesante ir y venir mientras platicaba, no pudo aguantar decirle:

–Ya deja de hacerme mover la cabeza para verte, como si estuviera viendo un partido de tenis. ¡Ya me tienes harto!

El hecho de sentarse, como vimos en el capítulo anterior, va más allá de un simple haber hallado asiento para no estar de pie. Implica deseo de atención cercana.

7. No estar viendo el reloj a cada rato.

Pronto se percibe que un visitante que mira constantemente su reloj, tiene prisa por otros asuntos qué atender.

Esta actitud de espiar la hora con frecuencia, inhibe toda posibilidad de diálogo, y hace que el paciente sienta lejano a quien así actúa.

La persona libre no ha de ser esclavo de su reloj. Somos dueños de nuestro tiempo. Y este tiempo lo hemos dispuesto para el paciente que estamos visitando.

8. No forzarlo a que platique, ni ser frívolo, trivial o polémico.

Hay enfermos que, sea por su personalidad introvertida, porque se sienten mal, o por desánimo, no tienen ganas de platicar. Ni acerca de ellos, ni de su enfermedad, ni de nada.

Ha de respetarse su mutismo, y no forzar al diálogo.

Algunos suelen decirle a la persona callada frases comunes que le resultan ofensivas, como:

–¿Te comieron la lengua los ratones?

–¡Habla! ¡No vine a estar contigo para que te la pases callado!

Es muy evidente cuando el enfermo prefiere no platicar. Mostremos condescendencia a su introspección, diciéndole, por ejemplo:

–Comprendo que no tengas ganas de platicar. Yo en tu caso estaría igual.

–Vine a estar contigo, no a charlar como si estuviéramos en el café. Sólo déjame decirte que vine a verte porque me importas mucho y te echo de menos.

He encontrado visitantes parlanchines que a toda costa quieren sacar plática y, si no lo logran, se sueltan hablando trivialidades insulsas que al enfermo caen mal.

Otros, ante el paciente callado, le cuentan chistes y procacidades, creyendo que con eso lo divierten. Se equivocan: por lo general los enfermos no están de humor para divertimentos insulsos.

9. No disponer de los aparatos u objetos en el cuarto del enfermo.

Por lo general, la habitación del enfermo está dispuesta como él la desea. Es una insolencia por parte del visitante, tratar de imponer sus gustos en un ámbito que no le pertenece.

–Ay, mira que a obscuras estás. Déjame correrte las cortinas.

Contraría mucho al enfermo que quien lo acompaña, por iniciativa propia, encienda la televisión, abra ventanas, prenda luces, mueva cosas del buró. ¡No lo haga! Es invadir lugares ajenos.

Una tarde me topé con un visitante tan imprudente que, estando con el enfermo, se levantó de súbito de su silla y fue al aparato de televisión.

–Casi se me olvida que está empezando el partido de futbol.

¡Vaya disparate! ¿Fue a ver al enfermo o el partido? Mejor quédese en su casa, y no ofenda con tan grosero comportamiento a la persona que visita.

Mi maestro de Propedéutica me decía que, observando con atención el ambiente en el que está el enfermo, deducirá muchas características de la persona encamada, lo cual le hará saber cómo comportarse durante su visita. Cuando encuentra el cuarto lleno de luz, es indicio de que el paciente está en estado de ánimo receptivo. Una habitación a oscuras, indica que el enfermo se siente mal y poco dispuesto a la convivencia.

Pero, ¡cuidado de modificar tales condiciones ambientales! Son muy del enfermo y de nadie más.

10. No desanimar al enfermo con opiniones desfavorables.

Los comentarios negativos que llegan al enfermo respecto a su médico, sus tratamientos o su evolución, suscitan en él seria desilusión, y son perniciosos a su restablecimiento.

Hay personas que, por protagonismo, o por pretensión de mostrarse sabiondos, ponen en duda la calidad profesional del médico que atiende, o desdicen sus indicaciones.

¿Qué le parecería, estando usted encamado, que llegara su amigo querido y le dijera algo como esto, que he escuchado?

–Pues no sé quién te recomendó a ese doctor. ¿No sabes que fulano se le murió en la operación?

–¿No te dijeron que tu doctor es el que atendió a sutanita, y por darle un medicamento equivocado la dejó paralítica?

Otros visitantes, faltos de sentido común, se dedican a desanimar al enfermo desde que llegan a verlo.

–Te noto más demacrado que ayer. ¿Ya te vio así tu doctor?

Quienes obran así, ni siquiera debieran visitar al enfermo. Además de manifestar gran imprudencia, sus actitudes reflejan que les falta la más elemental sensibilidad, para apoyar a quien tanto necesita ser animado en el trance por el que está pasando.

11. No hacer comentarios adversos al enfermo en relación con su enfermedad.

–Qué bueno que por ahora te sientes bien, pero sé de casos que tienen mejoría, así como tú, y luego empeoran. Ten cuidado.

–Fíjate que un amigo empezó con molestias iguales que las tuyas, y ahora está muy grave.

Al soltar con ligereza palabras tan airadas, y tan impertinentes, se atenta contra la esperanza del enfermo y ¡Dios libre al paciente de ser persona sugestionable!

He conocido enfermos que retrocedieron en su recuperación por comentarios así de torpes.

12. No hablar del enfermo en secreto, con sus familiares u otras personas.

Hay personas dadas a comentar a hurtadillas asuntos acerca del enfermo, con intención de que éste no las escuche. Se dirigen a un rincón de la habitación o salen del cuarto para hablar en sigilo.

Tal actitud provoca en el enfermo suspicacia, con la inequívoca sospecha de que le están ocultando algo, con lo cual empieza a hacerse conjeturas pesimistas.

Son frecuentes las ocasiones en las que el doctor, saliendo de atender al enfermo, habla con los familiares. Es natural que en seguida el paciente pregunte:

–¿Qué te dijo el médico allá afuera?

Por elemental ética, es preciso decirle la verdad.

13. No inventar "teologías" tratando de explicar el por qué de la enfermedad.

Algunos visitantes –incluso, paradójicamente, los muy piadosos– tratan de confortar al enfermo con frases envueltas en misticismo:

–Eres afortunado; tú sabes que Dios prueba a sus predilectos en el crisol del sufrimiento.

–Dios te está bendiciendo al mandarte esta enfermedad.

¿Por qué esa insistencia en endilgarle a Dios el origen de la enfermedad, para luego tratar de disculparlo? Algunos quieren descubrir las huellas digitales de Dios en los padecimientos, pero no están allí, porque no es Dios quien impone enfermedades. Es nuestro organismo el que genera los males por su materia frágil, factores de herencia, de alimentación, hábitos de vida, tensiones, depresión o accidentes.

En cuanto a decir esas frases "teológicas" prefabricadas, y ciertamente falaces, ¡cuidado! Se corre el riesgo de que algún paciente responda tal como le oí contestar a una señora, a quien su mejor amiga le dijo:

–Tú superarás esta enfermedad. Dios no le manda a nadie una pena más pesada de la que pueda soportar.

–Pues fíjate que conmigo, Dios se equivocó de peso.

14. No llorar delante del enfermo o expresar tristeza.

Es inevitable que las personas muy sensibles lloren cuando ven a su ser querido en condición lamentable.

Llorar delante del enfermo es catastrófico, pues además de que lo pone triste la congoja de los suyos, intuye de inmediato gravedad en su condición, lo cual le causa más temor del que ya tiene.

En el caso de los niños enfermos, cuando alguien llora delante de ellos, absorben, sin darlo a notar, las alternativas emocionales de sus padres y demás familiares.

15. No prolongar la estancia.

Llegado el tiempo de retirarse, diga "ya me voy", ¡y váyase!

La visita al enfermo no es el lugar para sustituir el no tener qué hacer en casa, y pasarla a sus anchas en otra parte. Tampoco es el enfermo la persona indicada para que nos ayude a "matar" el tiempo. Para eso están los demás amigos que andan sanos por la vida, los cafés y lugares de diversión.

La visita al paciente, ya lo decíamos, ha de tener su necesaria intensidad, y esta intensidad no es por lo general de duración larga. Más vale que la persona diga:

–¡Qué corto se me hizo el tiempo que estuvo!, –a que se queje:

–Me cansó su visita. Lo que quería es que ya se fuera.

Otro defecto es que somos muy dados a esas despedidas eternas que se inician con un "Ya me voy", prólogo de más plática, hasta que, tras mucho parloteo, llega el "Bueno, ahora sí ya me voy de a de veras".

Evitemos agobiar al paciente con visitas largas. Recuerde que su enfermedad lo predispone a que su organismo y su mente se fatiguen pronto.

••••••••••••••••••••

En resumen, evitando las quince actitudes en las que no se debe de incurrir ante el enfermo, su visitante logrará eliminar todo obstáculo que le impida tener plena apertura hacia la armonía y el diálogo fructífero.

Con esto la visita ha tenido como objetivo primordial el bienestar del encamado y, así, quien acude, se convertirá para el enfermo en "un visitante deseable".

VII

El enfermo quiere estar solo

La soledad que todos necesitamos

Varios capítulos de este libro tratan de cómo visitar al paciente. Éste se refiere a *cómo no visitarlo*; y diré por qué.

Cuando uno de nuestros seres queridos se encuentra enfermo, un sentimiento de afecto y compasión nos mueve a ir a verlo. Qué bueno que tal propósito se realice... pero hay qué asegurarse primero de si el enfermo está en condiciones de recibir visitas, pues más veces de las que se piensan, lo que el enfermo quiere es estar a solas.

Nunca se debe atosigar al enfermo con visitas. Tiene derecho a ratos de soledad. Los desea, y los necesita.

Conocí a una paciente, enferma de cáncer de colon, que antes de su enfermedad poseía una personalidad muy atractiva, por su don de convivir entre la gente con alegría y sentido del humor. Cuando recibió el diagnóstico se entristeció mucho, al grado de que su esposo la sorprendía llorando antes del amanecer.

El éxito de los primeros tratamientos le devolvió su optimismo, y decidió hacer algo fuera de lo común. Lo pongo en sus palabras:

–La enfermedad me hizo pensar mucho en mí misma, Jorge, así que por un tiempo suspendí mis actividades sociales, y me quedaba en casa relajándome, interiorizándome. Sólo Dios y yo. Si vieras cómo disfrutaba esos ratos de soledad, de oración, de reflexionar en mi vida, en los míos, en mi presente y mi futuro.

–Esos momentos de meditación a solas pasaron a serme tan necesarios, que cuando iban a verme mis amigas, era tensionante. Me impedían aquella soledad, que se convirtió en algo tan indispensable como el alimento.

–Un día les dije de esto, y ellas entendieron. Desde entonces, todas las tardes las tengo reservadas para esta amiga nueva: mi soledad, y para el amigo que viene con ella: Dios.

Diez razones por las que el enfermo quiere estar solo

Son muchos y muy variados los motivos por los que el enfermo desea pasar tiempo a solas. He encontrado diez como los más frecuentes:

1. Quiere estar solo porque no quiere que lo vean "así".

He conocido personas que se rehúsan a que los vean sus familiares y sus amigos *en estas condiciones.*

En muchos casos, la enfermedad cambia, para mal, el aspecto del enfermo. La persona que antes era de buen ver, saludable, ahora está demacrada, pálida, ojerosa, tiene malos olores, vendajes que afean su aspecto.

2. Quiere estar solo porque está cansado.

Las enfermedades, casi todas, provocan extenuación. El paciente se fatiga fácilmente con cualquier actividad que haga en su cama, por mínima que sea; y a veces hasta sin actividad alguna.

En ese estado de cansancio el ánimo se abate y las visitas le resultan una carga que no soporta.

3. Quiere estar solo por sentirse deprimido o emocionalmente fastidiado.

Hay personas cuyo estado de ánimo está apagado por depresión, por tedio, por disgusto, o algún otro condicionante psicológico adverso, que le causa no querer convivir con nadie. Esto se capta de inmediato, y hay que ser consecuentes.

He visto familiares insolentes que forzan a su enfermo a recibir la visita de hijos y nietos en conjunto.

–Es que les dije que vinieran todos a verte, porque es domingo.

4. Quiere estar solo porque se siente tensionado.

Esto es frecuente, sobre todo en la *etapa de protesta*. La tensión y el estrés provocan en el enfermo un estado de ánimo rebelde, y "no le sale" mostrarse agradable ante la gente, por lo que prefiere no tener visitantes con quienes se vea obligado a fingir buena disposición por convencionalismo social.

5. Quiere estar solo porque está padeciendo malestares por su enfermedad.

Esto es muy comprensible. Cuando un enfermo tiene dolor, o tantos otros malestares que lo acometen, no está de humor para ocuparse de nadie ni de nada, que no sea librarse de sus molestias.

Si al estar con un enfermo le sobreviene a éste un dolor, o alguna otra indisposición, habrá que llamar de inmediato a quien pueda ayudarlo, y dejar la visita para otro día. En este mismo sentido, el enfermo apreciará mucho que su visitante lo prevenga:

–Si durante mi visita te sientes indispuesto por alguna molestia, avísame, para no importunarte.

6. Quiere estar solo porque es de carácter introvertido.

Hay personas que tienen de por sí tendencia a estar metidos en sí mismos, y se sienten a disgusto cuando conviven con los demás. Seres de carácter aislado, o no comunicativos, que prefieren la soledad en su mundo interior.

7. Quiere estar solo porque simple y llanamente no tiene ganas de recibir visitas.

En diversos periodos de la enfermedad, el paciente no se siente con ánimo de recibir visitas, ni siquiera de convivir con sus familiares. Esto se debe a las fluctuaciones emocionales, que en todo enfermo se presentan con la evolución de su padecimiento.

Otros pacientes, en especial los crónicos, tienen horas en las que no desean ser visitados, por lo general en la mañana; y en cambio otras horas, casi siempre las vespertinas, en que sí les agrada tener compañía.

8. Quiere estar solo porque desea meditar en sí mismo.

Algunas enfermedades, sobre todo los padecimientos de larga duración, condicionan un estado de introspección, que conduce a que le surjan al enfermo muchas preguntas en su intimidad. Estos cuestionamientos no expresados, lo llevan a meditar mucho sobre su vida pasada, sobre su condición actual, sobre su futuro.

He conocido pacientes que filosofan acerca de su existencia, a través de muchos "¿por qué?" y "¿para qué?":

¿Por qué me tocó esta enfermedad? ¿Para qué estoy en el mundo así, enfermo? ¿Qué cambios irán a darse en mi vida, con esta enfermedad que me vino?

El enfermo piensa en su familia, en sus hijos, en sus asuntos pendientes, en un sinnúmero de circunstancias personales. Así, prefiere estar meditando que cumplir con visitantes que interrumpen sus reflexiones y, según estima, sólo le hacen pasar ratos insulsos.

Un diabético con daño renal me lo dijo claramente:

–Yo necesito ocupar mi tiempo con intensidad. Me queda poco. No quiero que me lo quiten los amigos y parientes, hablándome de bobadas. Si a ellos les sobra tiempo para malgastar su vida, que se vayan a desperdiciarlo a otra parte.

9. Quiere estar solo porque siente necesidad de orar.

He dicho en mis libros de humanismo médico y espiritualidad, que la enfermedad hace que el hombre se acerque a Dios.

La persona indiferente, o poco religiosa, cuando está enferma se vuelve deseosa de lo espiritual. A quien antes era propenso a lo místico, ahora, encamado, se le acrecienta el afán de sentir cerca a Dios, y ora intensamente, con frecuencia inusitada.

10. Quiere estar solo porque le apetece hacer alguna actividad personal.

Hay enfermos que gustan distraerse con algún entretenimiento como leer, ver televisión, ver una película o hacer otro pasatiempo.

Recuerdo aquel paciente, ingeniero de 52 años, postrado por una fractura de fémur, que se molestaba hasta extremos irascibles cuando alguien lo interrumpía en su crucigrama diario.

•••••••••••••••••••

La benéfica visita que no se hizo

He observado en los enfermos, que su deseo de estar solos se intensifica a medida que les avanza el padecimiento, de tal manera que los pacientes crónicamente encamados por enfermedad terminal, en quienes se avizora muerte cercana, prefieren la soledad en la mayor parte del día.

No se tome esto como generalidad, pues en el lado contrario, otros pacientes entran en pánico, si no se sienten acompañados. La naturaleza humana tiene en esto una variante en cada persona, y debe respetarse el modo de ser y los deseos de cada cual.

El derecho a la soledad es un privilegio de toda persona, y este respeto a la privacidad ha de salvaguardarse sin escatimarlo.

Para que así, no visitando al enfermo, le hagamos más beneficio que yendo a interrumpir su cercanía con él mismo, a través de sus pensamientos.

Y con Dios, por medio de su oración.

VIII

La visita al enfermo en el hospital

Características del enfermo internado en un hospital

El enfermo hospitalizado tiene varias peculiaridades que lo hacen diferente del enfermo recluido en su casa. Y desde luego, distinto también de cuando lo veíamos en su vida entre nosotros.

Por principio, se encuentra en un ambiente que le es impropio, ajeno, incluso hostil. Las personas que lo rodean le son extrañas y, en muchas ocasiones, como me dijo un paciente, "hasta las enfermeras más amables me parecen amenazantes".

El enfermo que se interna, siente que se le ha molestado desde que llegó al hospital: primero con engorrosos trámites administrativos, firma de muchos papeles para consentimientos informados, aseguramientos financieros, trámites de seguros. Luego lo han marcado con un brazalete de identificación, advirtiéndole en tono casi militar que no se lo quite.

Después lo depositaron en una cama muy alta, o muy baja, pero nunca como la que acostumbra en casa. Y esto de encamarlo no fue para que descansara allí plácidamente, sino para continuar invadiéndolo, introduciéndole una cánula en el brazo, a través de las venas de la mano, que le puncionaron con aguja tremebunda.

Frente a él hay una televisión apagada, tan inaccesible como el teléfono en aquel buró lejano. El timbre para llamar a las enfermeras se encuentra fijado a un extremo de la cabecera, pero no tan a su alcance.

La habitación está demasiado fría o demasiado caliente. Y el control de la temperatura sabrá Dios dónde está, si acaso está en alguna parte.

En el hospital, el paciente siente perdida su privacidad. Ha de someterse al baño que le den las enfermeras, a las horas de comidas del hospital y ¡qué comidas tan desabridas! Está sujeto a dietas y a horas de dormir distintas a sus horas.

El colchón de la cama es incómodo, de hule resbaloso. Las sábanas son insuficientes y siente frío, o le sobran, porque tiene temperatura alta. No sabe qué hora es. Falta un reloj en el cuarto, y el suyo se lo han quitado.

Médicos que llegan, unos a recabar informes para su historia clínica, o examinarlo; otros, a observar su condición, o para llevarlo a tal o cual procedimiento.

Enfermeras que se le aproximan con charolas de medicamentos, y jeringas cuyas agujas el enfermo ve del tamaño de una lanza, con la que siente que le van a acometer. Hasta el olor del hospital a antisépticos, a materiales de curación, a medicamentos, lo invade agresivamente.

Todo esto contribuye a alterar su estado de ánimo, tensionándolo las más de las veces.

Y no digamos los ruidos espantosos que se escuchan en un hospital: el llanto de familiares en el pasillo, porque murió el paciente del cuarto anexo, los quejidos del enfermo en la otra habitación, el pasar de camillas por el corredor, en fin.

Luego, para colmo, le vienen imágenes mentales, al recordar al amigo suyo, que falleció en un hospital, o a aquel familiar al que compadeció tanto, viéndolo sufrir tras la operación que le hicieron; recuerdos que inevitablemente le asaltan el pensamiento gritándole una sentencia:

–Ahora me toca a mí.

Luego le sobrevienen más cambios. Si es un paciente sujeto a procedimientos diagnósticos, pasa hambre, porque algunos estudios le exigen estar en ayunas; ha de tolerar las molestias de radiografías con medios de contraste, tomados o inyectados; más punciones venosas para extraerle sangre.

En ocasiones, pasar horas dentro de una cámara cerrada para que le capten imágenes de resonancia magnética, o sometiéndose a electrocardiogramas o maniobras de endoscopía en los que le introducen aparatos por sus orificios naturales, a fin de verle los órganos internos.

Lo regresan luego a su cuarto, y se siente mareado, molesto, y con miedos porque... ¿qué me irá a resultar?, ¿qué sigue?

Si lo van a operar, esos ventarrones mentales se convierten en tormenta, y a veces en tormento. El enfermo se ha internado el día previo a su operación y está nervioso. ¿Qué dolores iré a tener? ¿Cómo saldré de la operación? ¿Qué trastornos me traerá la anestesia?

Esos pensamientos lo intranquilizan, quitándole el sueño. Muchas veces pasa la noche en vela. Y luego llegan por él, a las seis o siete de la mañana, para pasarlo a preparación al quirófano.

Después, cuando ya lo operaron, todo le vuelve a cambiar. Lo trajeron del área de recuperación y siente frío. No le bastan las ropas de cama y tiene escalofríos en su sopor anestésico. Además empieza a sentir dolor en la región operada, aunque le dicen que está controlado por los analgésicos potentes que le administran.

••••••••••••••••••••

Conociendo por cuántas vicisitudes pasa un paciente internado en el hospital, se le comprende mejor. Por principio, ya se entiende por qué no es apropiado visitarlo el día previo a su operación, ni tampoco el día en que le efectuaron la cirugía.

Sé que muchas personas quieren acudir al hospital para estar al pendiente del procedimiento, y hacen bien en acompañar a los familiares en la sala de espera o en la cafetería, o en las áreas de meditación. Pero también harán muy bien respetando la privacidad de los parientes cercanos al enfermo, dejándolos a solas cuando el médico salga a darles informes del resultado de la operación.

Una buena costumbre es preguntar, después de esto, cuándo es prudente volver al hospital para visitar al enfermo.

Los procedimientos quirúrgicos que se efectúan actualmente, han reducido los días de estancia postoperatoria en el hospital, así como las molestias del enfermo, permitiendo muchas veces que éste pueda ser visitado al día siguiente de su intervención.

Durante la visita al enfermo en el hospital, son aplicables muchos de los puntos consignados en los capítulos 1 y 2 de *La visita al enfermo en su domicilio.*

Pero hay algo más. Estamos ahora en una institución dedicada al diagnóstico y tratamiento de enfermedades, y hay allí otros enfermos además del que vamos a visitar. Esto hace que los hospitales emitan una serie de normas, para salvaguardar el orden debido, por el bien de todos los pacientes internados.

En seguida hablaré de las doce reglamentaciones más usuales en los hospitales.

Doce normas de hospital que el visitante debe respetar

Con alguna excepción, por lo general tales reglamentos contienen en común los siguientes preceptos, aprobados como Norma Oficial por el Consejo Nacional de Salud:

1. Horas de visita.

Comúnmente suelen estar distribuidas en los siguientes horarios:

Mañanas: de 11.00 a.m. a 13.00 hs.

Tardes: de 16.30 a 18.30 hs.

Dichas horas se han establecido de esa forma, por ser cuando el enfermo se encuentra "libre" de las actividades propias del hospital: alimentación, baño, visita del médico, procedimientos de enfermeras, etcétera.

Caso distinto es cuando el paciente está internado en Terapia Intensiva, donde las horas de visita son restringidas, al igual que el número de visitantes admitidos. En algunos casos no se permiten las visitas en lo absoluto.

2. No fumar en ninguna área del hospital.

Ésta es una norma emitida el 23 de agosto de 2007. A partir de esa fecha, se han suprimido los lugares destinados para fumadores, y ya no se permite fumar en el interior de ningún hospital. Esto es válido no sólo para visitantes, sino también para todo el personal que labora dentro del edificio.

3. No se admiten niños en el área de hospitalización.

Esta norma es tanto para bienestar de los enfermos, como para protección de los niños, evitándoles con ello que contraigan una infección. Recuérdese que por su naturaleza, un hospital es un sitio donde pululan padecimientos infecciosos, y suele haber contaminaciones volátiles.

Salvo excepciones, si va con usted un menor de quince años, tendrá que dejarlo esperando en el lobby, pues el propio personal de seguridad del hospital impedirá su entrada.

4. No entrar con alimentos, flores o canastillas de arreglos frutales.

Desde mayo de 1975, se impide en los hospitales la introducción de flores al cuarto del enfermo, dado que su fisiología vegetal absorbe oxígeno del ambiente, necesario para el enfermo como elemento indispensable.

Cuando el visitante lleva flores, o las manda a través de una florería, el hospital se reserva el derecho de depositarlas en algún departamento, generalmente el área de admisión, llamando a los familiares para que tengan conocimiento del envío, pero sin permitir la entrada del arreglo a la habitación de la persona a quien fueron enviadas.

5. Límite de visitantes: dos personas a un tiempo en el interior de la habitación.

Esto es para procurar tranquilidad al enfermo. Más de dos personas en su cuarto, forman un grupo que lo perturba.

El colmo fue lo que me sucedió en el hospital una tarde. Visitaba a una enferma internada en su suite del hospital, con sala anexa a su cuarto. Allí encontré a siete señoras jugando baraja en la mesa dispuesta para familiares.

–Es que nos venimos a tener la junta semanal del club aquí, junto a Tutis –me dijo una de ellas en tono de enaltecer su "buena acción del día".

6. Acatar las indicaciones impuestas por el médico.

Éstas son señaladas por letreros en la puerta de la habitación: *Prohibidas las visitas. Entrada sólo con bata y cubreboca. Límite: un visitante por cinco minutos*, etcétera.

Tales medidas se determinan según el caso. Si están prohibidas las visitas, es porque el enfermo no está en condiciones de tenerlas. Comúnmente en estos casos los familiares se encuentran en el corredor o en las salas de espera anexas al área, y ellos harán saber al paciente quién llegó a visitarlo.

En otros casos, aun si está en condiciones de ser visitado, pero padece una enfermedad contagiosa, o se encuentra débil de sus defensas orgánicas, como son los enfermos que reciben quimioterapia.

En el caso de padecimiento infectocontagioso, se indica entrar con cubreboca, para que no se contamine el visitante. En el caso de deficiencia de defensas, se usa el cubreboca para que el visitante no contamine al enfermo. Algunos hospitales indican inclusive el uso de una bata clínica, que las enfermeras proporcionan.

7. No interferir con labores de los médicos y las enfermeras.

Sucede que en ocasiones, mientras alguien está de visita, llega el médico a revisar a su enfermo, o entran enfermeras a realizarle tal o cual procedimiento. En esos casos, es prudente salir de la habitación, antes de que el personal pida al visitante retirarse.

8. Guardar silencio en los pasillos y en las estancias.

En ocasiones el visitante del enfermo hospitalizado, ha de esperar para poder verlo. Algunos se quedan en el pasillo junto a la puerta de la habitación, otros van a la sala de espera. En cualquier caso, la buena educación demanda guardar silencio o hablar en voz baja.

9. Ayude a preservar la limpieza del hospital.

Los directivos de hospitales agradecen mucho que los visitantes conserven el orden y el aseo de las estancias, evitando dejar en cualquier sitio periódicos y otros objetos desechables, así como tirar inadvertidamente envolturas de golosinas y demás basura.

10. Atender los llamados generales en el sistema de voceo.

Hay hospitales en los que, en ocasiones, se vocea a algún familiar o a un visitante, para que acuda a tal estancia del hospital en la que es requerido por algún médico, para darle informes. Otras, se anuncian eventos propios del hospital para visitantes, se efectúa simulacro de evacuación, o se pide la presencia del propietario de algún vehículo que estorba el paso de ambulancias.

Tales llamados deben ser observados, y cumplidos, sobre todo cuando se trata de corregir alguna situación que el visitante haya provocado, casi siempre involuntariamente.

11. No lleve propaganda de ninguna especie, que no esté autorizada por la Dirección del hospital.

Un día que pasaba visita general en el hospital del que era Director Médico, encontré, en el área de enfermeras, una pila de volantes publicitando al candidato de un partido político que competiría en la elección del siguiente domingo. La enfermera coordinadora me informó que el visitante de un paciente la había dejado allí minutos antes. Naturalmente tal propaganda fue recogida.

Hay otras publicidades que sí son permitidas en determinadas áreas del hospital, como las de cursos médicos o de enfermería, carteles de pastoral de salud, etcétera. Mas para fijarlos ha de pedirse permiso a la Dirección.

12. No insista en hacer lo que le prohíben.

Todos conocemos personas prepotentes, y otras que, tratando de hacer valer sus "influencias" de político, o de empresario, o de famoso, intentan pasar sobre los reglamentos.

Habrá sitios donde tal influencia les sirva, pero un hospital no es el lugar para que tales personas actúen así, como si fueran ellos los que controlan las normas establecidas.

••••••••••••••••••••

De los doce enunciados anteriores, se infiere que todo visitante de un enfermo internado en el hospital, debe ser respetuoso de las disposiciones del mismo. Cualquier forma de violentarlas, resulta en perjuicio del paciente, y quien lo hace se expone a que algún miembro del personal le exija con firmeza cumplir el reglamento.

IX

Aspectos espirituales en un hospital

Más allá de la dimensión corporal

En todos los hospitales de México es posible obtener servicios espirituales para el enfermo.

Muchos hospitales privados cuentan con capilla y servicio permanente de sacerdote y personal de Pastoral de enfermos, dedicados a la misión de atender espiritualmente a los internados.

Si se trata de un hospital perteneciente a instituciones oficiales de salud, los familiares que requieran auxilio espiritual para su enfermo, pueden acudir al párroco o capellán del territorio, ya que por lo general, las parroquias tienen un sacerdote de guardia asignado a tal servicio, o bien ministros extraordinarios de la Sagrada comunión, dispuestos a asistir al enfermo que desea comulgar.

Pastoral de enfermos y organismos voluntarios

En tiempos recientes, ha surgido dentro de la Iglesia la *Pastoral de enfermos*, consistente en la acción organizada de grupos colegiados a alguna parroquia o directamente a la Diócesis, integrados por sacerdotes, diáconos, religiosas y laicos comprometidos, que se encargan de impartir diversas formas de auxilio espiritual en el interior de los hospitales.

Es indispensable para estos grupos orantes, tan loables, hablar previamente con el enfermo o con un familiar cercano, exponiendo el propósito de orar por su salud en su habitación. Recuerde que, llegar sin aviso previo, puede ser contraproducente, pues se presta a que la persona encamada perciba tan sorpresiva presencia como insinuación de su gravedad.

Existen otras agrupaciones que, sin ser de carácter confesional, se dedican a promover soporte humano y espiritual a pacientes específicos de determinada enfermedad. Se trata de organismos cuyos miembros –en muchos casos personas que han superado el mismo padecimiento en el que ayudan– tienen especial pericia en abordar a los afectados de tales patologías, incluyendo tanatólogos expertos en dialogar con moribundos o sus familiares.

Estas organizaciones, presentes en todo el país con diversa denominación, prestan un invaluable servicio, y en muchos casos ofrecen cursos, dentro o fuera de hospitales, a pacientes que sufren dichas enfermedades, o Diplomados para personas que deseen capacitarse en brindar tan provechosos servicios.

Un directorio de tales agrupaciones en la República Mexicana, seccional por estados, puede obtenerse a través de Internet.

El sacramento de Unción de los enfermos en un hospital

El sacramento de la Unción de los enfermos es de trascendencia infinita, y debe considerarse el hecho de efectuarlo a tiempo, siempre que el paciente está grave, a punto de ser sometido a una intervención que pone en peligro su vida, o en cualquier otro trance que implique riesgo de muerte.

Es interesante citar lo que dice el Magisterio de la Iglesia al respecto. En la Constitución *Sacrosanctum Concilium*, sobre la sagrada liturgia, n. 73, se lee textual:

La extremaunción, *que también, y mejor, puede llamarse* unción de los enfermos, *no es sólo el sacramento de quienes se encuentran en los últimos momentos de su vida. Por tanto, el tiempo oportuno para recibirlo comienza cuando el cristiano ya empieza a estar en peligro de muerte por enfermedad o vejez.* (Citado también en el *Catecismo de la Iglesia Católica*, núm. 1514).

Los enfermos que han frecuentado los sacramentos durante su vida, piden espontáneamente el sacramento de la Unción de enfermos, cuando sienten necesitarlo ya. Pero en las personas poco religiosas, sucede que decirles "te voy a traer al padre para que te ponga los santos óleos", es interpretado como que ya está "en las últimas", y eso lo atemoriza.

–No le digan que va a venir el padre, porque se asusta.

Por supuesto que es imprescindible que el enfermo reciba el último sacramento, pero conviene prepararlo, diciéndole, por ejemplo, que es un auxilio espiritual para infundir paz y consuelo a los enfermos que se sienten muy mal.

Cuando se atiende a un paciente en el hospital, no debe haber reticencias en llevarle auxilio espiritual, en caso necesario, a la hora que sea, pues todos los hospitales permiten el acceso del sacerdote, sin restricción de horario, para que administre la Unción de enfermos, o la asistencia espiritual requerida.

Instalaciones especiales para la espiritualidad

En cuanto a las instalaciones auxiliares a la espiritualidad en los hospitales, es preciso señalar que algunos cuentan con capilla, cuartos especiales para meditación, consejería o duelo reciente.

El visitante ha de respetar el ámbito de recogimiento en esas estancias, entrando en ellas para el propósito al que están destinadas, con el debido respeto al silencio y meditación de los allí presentes.

X

Acompañamiento cristiano al enfermo

El enfermo, su visitante y Dios

Serás bienaventurado, porque estuve enfermo
y fuiste a visitarme.
Mt 5, 8.

La visita cristiana al enfermo tiene, de suyo, un matiz especial, distinto al de las demás visitas. Está revestida de espiritualidad, y se dirige a lo profundo del ser en la persona enferma.

Adelanto desde ahora que la visita cristiana dista mucho de parecerse a una visita social. Su objetivo es el suscitar resonancias espirituales en la interioridad del enfermo, despertarle la conciencia de Dios, pues desde su principio se fundamenta en la fe.

Cuándo puede realizarse la visita espiritual

Esta modalidad de visita, no puede improvisarse, ni tampoco hacerse ante cualquier enfermo. Para efectuarla se requieren varias condiciones, siendo la primera que ya exista un clima de acercamiento espiritual con la persona visitada, un diálogo religioso, o de contenido místico, entre el visitante y el visitado.

Cómo se efectúa

Pongámonos en la realidad. La plática con el enfermo se abre, por lo general, con comentarios a nivel humano:

–¿Cómo estás? ¿Cómo te sientes?

Luego de lo trivial, se penetra al primer estrato de profundidad:

–¿Cómo te encuentras de ánimo?

–¿Te has sentido triste? ¿Optimista? ¿Deprimido?

Después prosigue el diálogo de acuerdo a la reacción del paciente.

La regla de oro es nunca violentar ni forzar situaciones. El visitante debe recurrir a la prudencia para ser consecuente con la respuesta del enfermo, y actuar de acuerdo a ésta.

Visité a un hombre de 62 años, enfermo de cáncer de próstata. Había agotado todos los recursos terapéuticos, y ahora tenía invadidos otros órganos. Me decía:

–Soy un desahuciado esperando la muerte.

En una ocasión, le insinuó a su doctor que le diera los medicamentos más potentes para el dolor, "a ver si así me llega más rápido el morir". Eutanasia, pues. El médico se negó a ello:

–Calmarte el dolor, sí. Provocarte la muerte, no.

Una noche tuvo crisis de su estado general, y pareció entrar en agonía. Sus hijos llamaron a un sacerdote, que fue a administrarle la Unción de los enfermos. Se recuperó, y desde entonces adquirió un hábito que ya no dejaría nunca: leer el Nuevo Testamento.

Un día que lo visité, apenas llegado, me dijo con voz cansada:

–Léeme un trozo del Evangelio. Aquí está mi Biblia, en el buró.

Accedí y leí el capítulo 11, versículo 9, del Evangelio según san Lucas:

–Pues bien, yo les digo: Pidan y se les dará, busquen y hallarán, llamen a la puerta y se les abrirá.

Me hizo una señal de detenerme, pidiéndome que lo comentáramos. Aquel intercambio de ideas, en torno a la certeza de que conseguiremos todo lo que pidamos a Dios, si lo hacemos con la confianza de obtenerlo, fue de lo más enriquecedor.

Días después, cuando Alfredo estaba ya muy grave, me llamó. Y en esa visita, que sería la última, me dijo apagadamente:

–No te imaginas cuánto bien me hizo aquella vez que hablamos de que Jesús nos asegura que, al pedir con fe, se nos dará. Cuando te fuiste, me quedé pensando en esa promesa de nuestro Señor Jesucristo. Le he pedido mucho que ya termine esto y, mira, ya me lo está concediendo.

Falleció la noche siguiente.

Otra vez coincidí, para mi fortuna, con un sacerdote que visitaba a una amiga mutua. Iba yo a excusarme por la interrupción, pero el padre me dijo:

–No, no te vayas; quédate, es bueno que estemos tú y yo con Mague.

Mague era una enferma cardiaca, de 60 años, en estado de profunda tristeza y depresión. Tenía el antecedente de haber sido asidua feligrés de su parroquia, y muy colaboradora del padre que ahora la visitaba. Éste, tomándole la mano, le dijo:

–Recuerda tu devoción tan ejemplar hacia las cosas de Dios. Tú eres ejemplo de devoción. Te veo reflejada en el Salmo 42:

¡Cómo marchaba a la cabeza del grupo, hacia la casa de Dios, entre cantos de júbilo y alabanza!

Luego le hizo un amplio comentario, alentándola a superar aquel interior suyo, tan deprimido:

–Todo es como nosotros lo pensamos, Mague –le dijo–. La alegría o la tristeza, las hacemos nosotros mismos, aquí dentro. ¿Por qué estar entristecida, pudiendo tener sol en tu alma?

El caso de los deprimidos

A propósito, son muy frecuentes los enfermos deprimidos. A quien tiene por misión visitar pacientes en la dimensión cristiana –también en plan meramente afectivo– le es muy útil tener tres o cuatro ideas claras, firmes, que resulten de provecho para los enfermos en este estado de ánimo. Entre tales ideas que ayudan a motivar a la persona deprimida, me ha dado resultado utilizar alguna de las siguientes cuatro:

1. Hacerle relativizar al enfermo su circunstancia, dimensionándola frente a otros asuntos trascendentes de su vida. Por ejemplo:

–¿Qué significa tu tristeza por esa parálisis del lado izquierdo de tu cara, frente a la tragedia de una mamá que perdió a su hijo en el accidente del periférico anoche? ¡Ánimo, la vida te necesita por ser como eres, no por tu apariencia!

2. Alentarle optimismo de lo que vale su propia persona, no por esas circunstancias pasajeras que hoy son, y mañana ya no.

3. Hablarle de su poder interior de recuperación, de los días agradables que le esperan, *el amanecer tras la oscuridad de la noche.*

4. Recordarle el amor que Dios nos tiene a todos, en especial a los enfermos. El mensaje de salud en los Evan-

gelios no son historias del pasado, es Palabra de Dios obrándose ahora, aquí contigo.

En esto de abordar a los deprimidos, hay que apartarse de textos preparados. Recuerde que las frases hechas suenan falsas, como demagogia religiosa. Hay que ser novedoso y persuasivo en los argumentos.

Conduciendo al enfermo a su interioridad

Un medio eficaz para introducir el tema de la espiritualidad en el diálogo con el paciente, durante la visita cristiana, es mencionarle el ministerio sanador que Jesucristo desplegó entre los enfermos de su tiempo.

Esto da entrada a alguna expresión que encamina, como por ejemplo:

–A propósito de Dios, tú has sido hombre, mujer, de fe. Tienes a Jesús en tu espíritu. Él quiere sanarte. Está en tu intimidad. Te dice: –Estoy en ti, vivo, actuando para ti.

Empieza entonces la conversación de carácter espiritual, que dirige el pensamiento del enfermo hacia Dios.

En esta fase de la visita, nos encontramos en el momento más alto de su espiritualidad. Pisamos terreno propicio para hablarle de la relación de Dios con él. Es la oportunidad para encausar una oración del enfermo hacia el Señor, haciéndola personalizada, de acuerdo a las circunstancias especiales del paciente.

Algunas personas arguyen: "Yo no tengo facilidad para hacer ese tipo de oraciones y comentarios, no me salen". Tal vez las primeras veces tenga alguna dificultad, pero no hay que darse por vencido nunca, aunque al principio sean sólo unas breves palabras. Poco a poco se le irá "soltando" su discurrir, facilitándose cada vez más. El Señor inspira. *Haz la prueba y verás qué bueno es el Señor.*

Pero además de conducir a este clima orante, puede usted brindar al enfermo una oportunidad para que, sin moverse de su cama, se libre del estado emocional que le atenaza la mente y le tensiona el cuerpo. En seguida le facilito dos métodos para que usted mismo los efectúe al paciente.

Dos maneras de dar usted mismo terapia de paz al enfermo

Los avances en el estudio de la relación funcional entre mente, cuerpo y espíritu, han dado por resultado el surgimiento de nuevos métodos para aplicarse en los enfermos que sufren alteraciones originadas por desórdenes emocionales, como la tensión, el nerviosismo, la angustia, la fatiga mental.

Con el fin de proveer a los visitantes una manera de regalarle al enfermo serenidad y paz, presento aquí, conjuntadas por primera vez, dos de estas aportaciones científicas, recién estrenadas en el mundo occidental, a partir de 2008.

Métodos modernos para inducir relajamiento y paz

Los métodos que se exponen a continuación tienen un comprobado sustento científico. Las investigaciones a que han sido sometidos desde el punto de vista médico, psicológico y espiritual, demuestran su eficacia en lograr un estado orgánico de relajación, en el que es posible abatir incluso las cifras alteradas de pulso, tensión arterial y regularidad de los latidos del corazón.

Promueven al mismo tiempo, por mecanismos neurológicos identificados con los núcleos centrales del cerebro, la liberación de *endorfinas*, sustancias que estimulan una sensación duradera de bienestar en la persona.

El método de Inducción a la interioridad, logra, además, orientar hacia la serenidad y la calma, cuando es correctamente aplicado.

Método de Inducción a la interioridad

Dr. Jorge Fuentes Aguirre

En uso por la Sociedad Internacional de Medicina y Humanismo

Para llevarlo a cabo, basta con que el visitante, en un clima de diálogo cordial, se ponga de acuerdo con el enfermo, ofreciéndole una sencilla manera de penetrar a su interior para encontrarse a sí mismo, y obtener relajamiento y paz.

Se le anticipa que lo único que tiene que poner de su parte, es colocarse en una postura cómoda, y seguir los pasos que la voz del visitante le irá diciendo.

La voz de quien induce ha de ser calmada, suave, convincente.

Vamos a hacer un ejercicio muy agradable.
Dura catorce minutos. Es personal.
Te inducirá a la calma, y a tu interioridad.
Estos catorce minutos son sólo tuyos.
Durante este tiempo, deja fuera
toda preocupación y todo pendiente.
Bájate del mundo, y déjalo rodar aparte.
Este tiempo es sólo para ti.
Tú eres lo único que interesa.
(Pausa)
Ponte cómodo, en la postura
en que te sientas más a gusto.
En esa postura, afloja tu cuerpo, relájate.
Respira hondo una vez, otra vez, otra vez.
(Pausa)

Cierra los ojos. Calma tu mente. Permanece sereno.
No hay tensiones. No hay preocupaciones.
Siente calma, calma, calma.
Siente tu organismo, tu cuerpo. Respira hondo.
Percibe los latidos de tu corazón.
Afloja los músculos del cuello, el nudo del estómago.
Respira hondo una vez, otra vez,
vuelve a sentir el latido del corazón.
(Pausa)
Siente tu cuerpo relajado,
percibe que eres una persona. Di interiormente:
–Soy yo, con mi nombre.
Soy yo, con mis circunstancias,
mi familia, mis actividades.
Soy yo, que me llamo tal. Soy yo, tal.
(Pausa)
Sigue con los ojos cerrados.
Ahora te vas a meter en tu interior,
a sumergirte en ti mismo.
Di mentalmente:
Soy yo, soy yo.
No hay nadie en el mundo como yo.
Nadie que sea como yo soy,
que haga lo que yo hago;
nadie que ame lo que yo amo.
(Pausa)
No hay nadie que sueñe lo que yo sueño,
que quiera lo que yo quiero,
que tenga una intimidad como la mía.
Soy único; estoy hecho único. Nadie como yo.
Me siento ser yo.
Me estoy sumergiendo en mí,
como quien camina por una casa
hacia la habitación más interior.

(Pausa)

Llegué a mi ser más profundo.
Estoy en mi interior, donde no hay nada,
ni nadie más, que yo mismo.
Yo en el mundo. Yo en el mundo.
En México, en el mundo.

(Pausa)

Me veo bajo el cielo, bajo las nubes.
Entre las montañas, entre las estrellas.
En medio de toda la Creación de Dios.
Dios me creó. Dios está en mí. Aquí en mi interior.
Es alguien en mí. Alguien...
Puedo hablar con Él cada vez que quiera.
Me está diciendo: Estoy en ti... Estoy en ti...

(Pausa)

Soy yo. Soy yo.
Tengo algo más que mi cuerpo.
Percibo mi mente con la que pienso.
Siento mi espíritu con el que amo.
Tengo un espíritu. Lo estoy percibiendo
muy dentro de mí.

(Pausa)

Estoy dentro de mí.
Estoy en mi interior más profundo.
Veo mis recuerdos. Veo el recuerdo de mi infancia.
Mi papá. Mi mamá. Mi niñez.

(Pausa)

Mis hermanos y hermanas. Mis familiares.
El recuerdo de mis amigos de escuela,
el recuerdo de mi primer amor.
De los afectos entrañables de mi vida.

(Pausa)

Estoy en mi intimidad. Estoy en mí. Soy yo...
Estoy conmigo. Solo conmigo.

Dentro de mí todo es paz, calma, serenidad.
Estoy en mí. Siento que en mí todo es calma,
como la de un atardecer sereno.
(Pausa)
Todo es armonía, todo es paz.
Calma. Calma.
Respiro profundo una vez, otra vez...
Siento calma, calma, calma.
(Pausa)
Ahora voy saliendo de mi profundidad.
Voy hacia mi superficie.
Toco mi piel.
Abro los ojos.
Suspiro una vez, otra vez.
Siento mi ser descansado.

•••••••••••••••••••

Método de relajación rápida

Dr. Herbert Benson. Mind and Body Institute. Harvard Medical School

Durante el transcurso de su diálogo con el enfermo, el visitante le participa que le tiene reservada para él una manera de relajarse, y obtener con ello el beneficio de un descanso profundo, ofreciéndose a efectuarla.

Obtenida la anuencia del paciente, se le pide acomodarse sueltamente, en la posición en que más se sienta a gusto.

La voz de quien conduce ha de ser serena, persuasiva.

Estamos en un mundo lleno de ruidos,
pero tú vas a silenciar tu interior.

Este rato es sólo para ti.
Relájate. Afloja todos tus músculos.
(Pausa)
Respira profundo una vez, otra vez, otra vez.
Al exhalar, repite mentalmente la frase:
"Señor, estás en mí."
"Señor, estás en mí."
"Señor, estás en mí."
(Pausa)
Cierra los ojos suavemente, sin forzarlos.
Sigue respirando hondo, con tu cuerpo suelto.
Estás en tu ser más profundo,
en tu habitación más interior.
No hay nada ni nadie más en el mundo
que tú y Dios.
(Pausa)
Todo es calma, calma, calma.
Sólo tú y Dios.
Sientes paz, paz.
(Pausa)
Quédate en esa paz de Dios unos minutos.
Respira profundo una vez. Otra vez.
(Pausa)
Ahora abre lentamente los ojos.
Quédate en quietud unos momentos.
Reposa.

••••••••••••••••••••

La imposición de manos

He encontrado de mucho fruto en la visita cristiana al enfermo, inducir la despedida con la siguiente expresión:

–Ahora, el Señor ha llegado a tu intimidad, y quiere permanecer en tu espíritu enviándote el Espíritu Santo, a través de esta imposición de manos sobre ti.

Incluyo la plegaria que compuse para el acto de imponer sus manos al enfermo, con el fin de que el visitante la tenga a su disposición inmediata.

Oración en la imposición de manos

Ven, Señor Jesús. Creemos en ti,
y sabemos que vienes al invocarte.
Tú dijiste en tu Evangelio:
"Cuando dos o más estén reunidos en mi nombre,
allí estaré yo, en medio de ellos".
Señor Jesús, creemos en tu Palabra.
y sabemos que tú estás con nosotros.

También dijiste Señor:
"Impondrán las manos sobre los enfermos,
y los enfermos quedarán sanos".
Toma mis manos, Señor.

Estas manos que yo estoy imponiendo sobre N,
no son mis manos. Son tus manos,
para que llegues hasta lo más íntimo de N,
trasmitiéndo salud a su cuerpo, y a su alma,
a través de tu Espíritu, fuente de toda vida.

Concede, Señor, que N, te sienta llegar.
Que sienta esta llegada tuya sanándolo (a);

haciéndose tu voluntad en él, en ella.
Desde ahora te damos gracias, Señor
porque sabemos que ya estás concediendo
lo que te pedimos para N.

N: que el Espíritu Santo descienda sobre ti,
y guarde tu cuerpo y tu alma
en la salud y en la paz.

Que el Señor te bendiga y te guarde,
sea benévolo sobre ti, y te dé tu salud.
El Señor te conceda tu salud,
y te muestre su rostro. Amén.

Pidiendo la bendición del enfermo

Lo dije en otras páginas, pero viene al caso insistirlo aquí. La experiencia me ha demostrado que infunde mucha satisfacción y paz al enfermo el sentirse considerado al pedírsele su bendición.

Esto, además de ser un acto de humildad por parte del visitante, infunde al enfermo un sentimiento de intimidad con Dios, y con la persona que acude a estar con él.

El pedir la bendición al enfermo, puede hacerse leyéndole la oración que compuse para tal efecto, la cual transcribo en seguida.

Oración "Bendíceme tú, enfermo"

No son los sanos quienes han de bendecir a los enfermos. Son los enfermos quienes reciben de Dios la gracia de bendecir a quienes están sanos.

Bendíceme tú, hermano enfermo, porque el sufrimiento te ha hecho vivir más intensamente, profundizado a tu interior en el dolor. Bendito eres.

Bendíceme tú, hermana enferma, porque tu espíritu se ha engrandecido en comparación con el de aquel que sólo sabe de placeres, y pasa la vida viviéndola en la superficie, sin apreciarla en lo que vale. Bendita eres.

Bendíceme tú, hermano enfermo, porque tienes una mayor conciencia de Dios, y trato más íntimo con él, aún en la protesta y en el reclamo por tu padecer. Bendito eres.

Bendíceme tú, hermana enferma, porque sabes sobreponerte a la adversidad y a la tribulación. Bendita eres.

Bendíceme tú, hermano enfermo, porque Jesús dijo: Dichosos los que sufren y los que lloran, porque ellos recibirán consuelo. Bendito eres.

Bendíceme tú, hermana enferma, porque tienes la noción del tiempo y de la vida de manera más certera que aquel que vive entre frivolidades. Bendita eres.

Bendíceme tú, hermano enfermo, porque la adversidad te ha hecho fuerte y sabes apreciar al semejante, y la salud, y la vida. Bendito eres.

Bendíceme tú, hermana enferma, porque por tu padecer comprendes a aquel que padece. Bendita eres.

Por todo esto yo inclino la cabeza sumiso, y así postrado de hinojos ante ti, hermano enfermo, hermana enferma, pido tu bendición. Porque en tu enfermedad Dios te dice al oído: Estoy en ti.

Y porque con esa Presencia en tu intimidad, tienes la bendición de Dios mismo. Amén.

••••••••••••••••••••

Como se ha visto en este capítulo, el propósito de la visita cristiana al enfermo es alentarlo en lo humano, y en lo espiritual, promoviéndole su propia capacidad interior para recobrarse.

El objetivo de fondo, ha sido inducirle la conciencia de que en su interioridad tiene su espíritu, en el que palpita Dios, y que le es posible adentrarse a vivir en sí mismo esa dimensión, que lo eleva sobre su enfermedad y sus circunstancias pasajeras.

La llegada a esta espiritualidad, según se vio, no ha sido forzada, sino participativa, en mutua identificación entre el visitante y el visitado, introduciendo al paciente en un clima de oración personal, de fe en Dios y de acogimiento sereno de su enfermedad.

XI

La visita del Ministro extraordinario de la comunión

Señorío y dignidad para el Señor

En todas las Diócesis del país, los Ministros extraordinarios de la Sagrada comunión tienen establecido un ritual propio para repartir la Comunión a los enfermos, al visitarlos en su domicilio.

Es particularmente importante que el Ministro extraordinario tome muy en cuenta las circunstancias médicas del enfermo. En ocasiones, por motivos clínicos, no es posible llevarle la comunión; otras, habrá de variar la hora de su visita.

Téngase presente no llegar nunca de improviso a darle la Comunión a alguien encamado en su casa. La visita del Ministro extraordinario al enfermo debe ser siempre anunciada.

Desde la llegada del Ministro extraordinario de la comunión al domicilio del enfermo, ha de preservarse a toda costa la dignidad de tan elevada ocasión, que entraña la entrada del Señor Jesús en ese hogar.

En todo el transcurrir de esta visita, el Ministro extraordinario de la Sagrada comunión debe conducirse señorialmente. Después de todo, es un Ministro del Señor Jesús.

El acto de llevar la comunión a un enfermo es un ritual serio, digno, merecedor de todo respeto. Es el Señor Jesús quien está de por medio en el sacramento de la Eucaristía, que la Iglesia extiende a los hogares por necesidad para los enfermos, tras la celebración de la santa Misa en el altar.

Para lograr tal respeto y dignidad, es necesario, a veces, educar a las personas en torno al enfermo; concientizarlas acerca de la presencia viva y verdadera del Señor Jesucristo en la hostia que el ministro lleva consigo.

El Ministro extraordinario de la Sagrada comunión, debe promover que, en el ámbito del hogar donde se recibe al Santísimo en la comunión, tengan preparados los utensilios y mobiliario necesarios para colocar el relicario con la sagrada forma, el corporal, la vela encendida y un crucifijo.

Ritual de la comunión extramuros

El ritual de dar la comunión a los enfermos es, en sentido estricto, una verdadera paraliturgia, que incluye:

1. El rito de bienvenida y acto penitencial.
2. La lectura de la Palabra, elegida de antemano entre algún Evangelio de la salud, seguida de un breve comentario por el ministro. Es importante notar que hay enfermos que desean hacer su propio comentario.
3. El Padrenuestro.
4. Rito de Comunión, y
5. oración final.

Es conveniente exhortar al enfermo a unos minutos de silencio, para que medite en el hecho de haber recibido al Señor, ayudándolo a orar, mencionando en la oración sus circunstancias personales y deseos particulares.

Antes de que el ministro se despida, por lo general anuncia cuándo será la próxima vez que lleve al enfermo la comunión.

Preguntas frecuentes de Ministros extraordinarios de la comunión

P.– ¿Qué hago si al llegar al domicilio del enfermo se encuentran allí familiares u otros acompañantes?

R.– Esto es común. Lo que procede hacer en tal caso, es pedir respetuosamente que se queden con el paciente sólo los más cercanos; de preferencia, no más de tres acompañantes.

También es necesario prescindir de los niños, y si están haciendo ruido en algún lugar cercano, pedir que los controlen.

P.– ¿Qué hago si al llegar me encuentro con que el enfermo no desea recibir la Comunión?

R.– No se la dé, ni trate de convencerlo de lo contrario, forzando situaciones. El enfermo no tiene culpa en este predicamento. Esto es consecuencia de haber llegado improvisadamente.

No tome nunca iniciativa de llevar la comunión por su cuenta, a nadie que no la haya pedido previamente.

Esta conducta se ha visto en Ministros extraordinarios que pretenden hacer protagonismo en su función.

P.– ¿Qué hago si, al llegar con la comunión, me encuentro con que el enfermo quiere confesarse antes de recibirla?

R.– He aquí otro error, y no es raro.

Para evitarlo, el Ministro deberá estar seguro, desde antes de ir a visitarlo, de que el enfermo está confesado y debidamente preparado para recibir al Señor.

P.– ¿Qué hago si no llevo un libro de plegarias, ni ningún otro material?

R.– En toda casa de enfermo que va a recibir la comunión, hay una Biblia. Recurra a sus conocimientos de los santos Evangelios, y elija alguno relacionado con la salud que Jesús impartió a los enfermos. Como usted recordará, el Evangelio según san Lucas está colmado de estos pasajes.

En cuanto a las oraciones después de la Comunión, y en la oración de despedida, si es posible, no haga rezos rutinarios. Improvise oraciones personalizadas al enfermo.

P. ¿Hay manuales o libros que faciliten elegir lecturas bíblicas para leer al enfermo?

R: Sí hay, y muy buenos; por ejemplo las obras *Cuando te visita el sufrimiento*, de Don Giovan Giuseppe Torre, *Padre Nuestro*, de Xavier Cuenca Cortina, S.J, y *El Señor Jesús*, de Enrique Ponce de León, S.J.

El libro *Plegarias que sanan*, lo escribí precisamente con el fin de ayudar a los Ministros extraordinarios, y otras personas que visitan enfermos, a seleccionar algún pasaje evangélico, Salmo u oraciones, todo ello alusivo a los enfermos.

Las libros que menciono, están publicados por la editorial Obra Nacional de la Buena Prensa.

P.– ¿Cuál es el signo de que mi visita al enfermo fue exitosa?

R.– La paz y la alegría que haya dejado en la persona visitada.

Si al terminar su visita nota al paciente inquieto, o notoriamente nervioso, significa que algo faltó durante su visita para lograr el impacto espiritual, que supuestamente se debe obtener.

Para corregir esto, nada mejor que hacer una retrospección de su visita, analizando paso por paso qué fue lo que pudo haber faltado, o en qué puede mejorar usted su actitud o su desempeño, para la visita siguiente, o a la de otros enfermos.

XII

Acompañamiento al enfermo moribundo

Con el enfermo en el final de su vida

Dicen los dedicados a la Tanatología, y lo dicen con razón, que la visita al enfermo moribundo es la más difícil de todas las visitas. O al menos, la que exige más experiencia.

Por razones obvias, la visita al moribundo queda reservada a su círculo afectivo inmediato, sus familiares y sus íntimos.

Otra característica importante, es que por la naturaleza propia de las circunstancias, el visitante ha de penetrar, casi de inmediato, en el ser anímico y espiritual del moribundo.

En la visita al moribundo no existe la plática coloquial que se da en las demás visitas. Por el contrario, el estado terminal del enfermo le impide muchas veces hablar, por lo que hay un silencio que hace necesario, por parte del acompañante, el contacto corporal para hacerse sentir.

La persona que vive sus últimas horas, o últimos momentos, suscita en el visitante la pronta identificación en el callamiento; la cercanía en el amor, que se manifiesta quizá por última vez.

Las difíciles preguntas de los moribundos

Uno de los retos que ha de enfrentar quien acompaña a un moribundo consiste en que, con frecuencia, las personas que sienten irse ya de la vida, lanzan preguntas candentes. Algunos moribundos me han preguntado:

–¿Duele morirse?

–¿Cómo le hago para que Dios venga a mí?

–¿Será cierto todo lo que creí en mi vida acerca de Dios?

–¿De veras iré a otra vida ahora que muera?

Quien esté ante tales cuestionamientos, no debe evadirlos, sino hablar con absoluta sinceridad. Si no sabe qué responder, no suelte palabrería airada, ni discursos teológicos o científicos. Es mejor decir:

–No te inquietes. Espera en Dios –y tomarle la mano al agonizante, o acariciarle su frente.

Me ha resultado de gran provecho expresar a los enfermos en condiciones de gravedad extrema algo como:

–Tú has creído en Dios toda tu vida. Ahora, más que nunca, Dios está en ti. Recuerda todo aquello que hiciste por los demás. Tus actos de bondad te acompañan. Los demás se han borrado. Sólo Dios está en ti ahora, porque tú fuiste de él toda tu vida.

Y así, por ese tenor de expresiones, siempre sinceras, y salidas de la entraña, teniendo presente que no se está ante un cuerpo, o ante una enfermedad, sino ante un ser humano que vive los últimos momentos de su existencia.

La obligada prudencia de quien ve morir

El acto de morir se da en la soledad del ser humano. Quien muere, muere a solas. Sus seres queridos pueden estar cerca del moribundo, rodearlo, acariciarlo, hablarle. Pero no pueden nunca ultrapasar la frontera hacia la intimidad más profunda de su entraña.

Las personas *están con él*, en su periferia; pero nadie, absolutamente nadie, puede *estar en él*. Nadie puede llegar a unirse con él en su interior, allí donde siente su agonía, donde libra la batalla de saber que muere. Sólo Dios acompaña al moribundo.

Un ámbito circunspecto, casi solemne, rodea esta visita. Hay tristeza en quienes rodean al enfermo, rostros llorosos, semblantes contritos, inquietud y ansiedad. Rezos en las habitaciones de la casa, grupos de familiares y amigos, conviviendo silenciosos en espera del desenlace.

Estas manifestaciones de dolor han de ser respetadas por el visitante, sin interferir para nada, ni entrometerse en diálogos, que seguramente están siendo para determinar decisiones finales, que sólo incumben a la familia.

Expone el experimentado padre Víctor Manuel Pérez Valera, S.J., en su curso para Diplomado en Tanatología:

> "El visitante del enfermo moribundo debe actuar siempre con naturalidad. Nada de actitudes misteriosas, sigilosas, ni prefabricadas. Tampoco atosigar al agonizante con una cercanía sobrecargada, pues eso le abruma.
> La apertura del corazón es el camino privilegiado para acompañar al moribundo. Esto excluye hablar con teorías, razones o explicaciones teológicas que el enfermo no pide. En este sentido, la agonía no debe convertirse en oportunidad para decir sermones con el afán de ganar almas. Por el contrario, es la ocasión última de hacer sentir al moribundo que no está solo. Esto no se logra con palabrería, sino con la cercanía del ser. Estrechar su mano entre las manos del visitante".

Si la ocasión se presta, –continúa exponiendo el padre Pérez Valera– proclamar a nombre del enfermo en voz baja, pero perceptible, el Salmo 129, *De profundis:*

Desde lo más profundo de mi ser
clamo a ti, Señor.
Señor, escucha mi voz;
estén tus oídos atentos
al clamor de mi súplica...
Mi alma espera en el Señor,
espera en su Palabra;
mi alma aguarda al Señor
más que el centinela a la aurora...

Amando en el ocaso

Los seres queridos del enfermo no pueden separarse del enfermo moribundo en los momentos en que ya su gravedad es crítica. Por ello, resulta de mucha utilidad alguien que preste ayuda en lo que se necesite.

Son insospechados los asuntos en los que se requiere la participación de una persona que, aunque muy unida al enfermo, no necesariamente tenga que estar presente en su proceso agónico: conseguir un sacerdote, solventar asuntos de iglesia, trámites de funeraria, hacer llamadas telefónicas, en fin…

Finalmente, deseo abordar un tema que considero necesario incluir: el de la actuación del visitante cuando el paciente fallece en el hogar o en el hospital.

He visto que en tal evento, muchas personas se sueltan diciendo a los familiares frases de duelo que, sin pretenderlo, resultan hirientes.

–Sólo personas como tú resisten esto.
–Dios quería que tu hijo estuviera con él.
–Dios sabe por qué hace las cosas.

Éstos son argumentos de una teología torcida. ¿Por qué endilgarle culpas a Dios, tratando de consolar con palabras así al ser querido de quien fallece?

Lo mejor es sentarse junto a él o ella, y no responderle nada cuando llora, cuando pregunta doloridamente: "¿por qué?", o cuando clama que no aguanta y que se quiere morir también.

Tómele la mano, abrácela, esté en la persona doliente, acompañándola en silencio.

Ámela de corazón, sintiendo por ella, en su entraña, el mismo amor con el que amaba nuestro Señor Jesucristo.

Obra Nacional de la
Buena Prensa, A.C.

Orozco y Berra 180. Sta. María la Ribera
Apartado M-2181. 06000 México, D.F.
Tel. 5546 4500 - Fax 5535 5589
ventas@buenaprensa.com - www.buenaprensa.com
Lada sin costo: 01-800-50-24-090

Librerías:

México, D.F.

- Ribera de San Cosme 5. Sta. María la Ribera
  Tels: 5592 6928 y 5592 6948
- Congreso 8. Tlalpan. Tels. 5513 6387 y 5513 6388
- Donceles 105-D. Centro. Tels. 5702 1818 y 5702 1648
- Orizaba 39 bis. Col. Roma. Tels. 5207 7407 y 5207 8062

Chihuahua, Chih.

- Av. Tecnológico 4101. Plaza Comercial San Agustín. Col. Granjas
  Tels. (614) 4109 461y 415 092

Guadalajara, Jal.

- Madero y Pavo, Sector Juárez. Tels. (33) 3658 1170 y 3658 0936

Guadalupe, Zac.

- Calle Jardín de Juárez # 10. Tel. (492) 899 7980

Mérida, Yuc.

- Calle 60 # 490 B. Col. Centro. Parque La Madre. Tel. (999) 9280 340

Monterrey, N.L.

- Washington 812 pte. Esq. Villagómez. Centro
  Tels. (81) 8343 1112 y 8343 1121

Puebla, Pue.

- Blvd. Valsequillo 115. Plaza Crystal, locales 9-12.
  Col. Residenciales boulevares
  Tel. (222) 2116 451

Torreón, Coah.

- Czda. Cuauhtémoc 750 Nte. Centro. Tels. (871) 793 1451 y 793 1452

Tuxtla Gutiérrez, Chis.

- Tercera Oriente Sur 165-3. Col. Centro
  Tel. (961) 613 2041